Learn French with Conspiracies

French B1 Reader

Brian Smith

French Graded Readers

For more books and E-book options visit:

www.briansmith.de

Introduction aux conspirations : Ombres et secrets dans l'histoire

Au fil de l'histoire, le mot "conspiration" a toujours évoqué des sentiments de mystère, d'intrigue et souvent de luttes de pouvoir. Une conspiration désigne fondamentalement un groupe de personnes qui travaillent secrètement pour un objectif généralement illégal ou nuisible. Ces conspirations cachées, souvent entourées de secrets, ont profondément marqué l'histoire.

Ce livre traite de certaines des conspirations les plus remarquables de différentes époques et révèle les aspects complexes et souvent sombres de la société humaine. Des conspirations antiques, comme celle contre la République romaine en 63 av. J.-C., aux scandales récents, comme le scandale des émissions de Volkswagen en 2015, chaque histoire dévoile les couches d'intrigue et de tromperie qui caractérisent les conspirations.

Les conspirations font partie de l'histoire mondiale et montrent jusqu'où peuvent aller les individus et les groupes pour atteindre leurs objectifs – souvent au détriment de l'éthique, des lois et parfois des vies humaines. Elles nous montrent que ce qui apparaît en surface – en politique, en économie ou dans les structures sociales – n'est pas toujours la vérité complète. Ces machinations, motivées par le pouvoir, la cupidité, l'idéologie ou le désir de contrôle, ont non seulement changé la vie des individus mais ont aussi eu des répercussions profondes sur les sociétés et les nations.

Des complots d'assassinat qui ont changé des empires, comme l'assassinat de Jules César, aux conspirations subtiles mais efficaces comme l'étude de la syphilis de Tuskegee, chaque chapitre de ce livre explore un aspect différent des alliances cachées et des plans frauduleux. L'étendue historique de ces conspirations montre également l'évolution des stratégies de tromperie – des complots simples de l'Antiquité aux machinations complexes de l'ère moderne, comme le scandale Enron, un symbole de la fraude d'entreprise au 21e siècle.

En lisant ces histoires de secret et de trahison, il devient clair que les conspirations, sous toutes leurs formes, ne sont pas des événements isolés de l'histoire. Elles reflètent plutôt la lutte constante pour le pouvoir, l'influence et le succès qui a toujours existé dans les sociétés humaines. Elles nous rappellent l'importance de la vigilance, de la transparence et du comportement éthique dans tous les domaines de la vie.

En explorant ces différentes conspirations, ce livre ne cherche pas seulement à représenter des événements historiques, mais aussi à encourager la réflexion sur les dimensions morales et éthiques des actions humaines. Il invite le lecteur à questionner, analyser et comprendre les courants profonds qui ont influencé certains des événements les plus significatifs de l'histoire. Bienvenue dans un voyage à travers les ombres et les secrets de l'histoire, où chaque chapitre révèle une facette différente du monde fascinant des conspirations.

- Apogée - Peak
- Astuce - Trick
- Brigand - Bandit
- Cupidité - Greed
- Décrépitude - Decay
- Échafaudage - Scaffolding
- Fourberie - Deceit
- Galvaniser - Galvanize
- Hérésie - Heresy
- Intrigue - Plot
- Juridiction - Jurisdiction
- Kabbale - Cabal
- Larcin - Theft
- Machination - Scheme
- Néfaste - Harmful
- Occulter - Obscure
- Péripétie - Incident

La Conjuration de Catilina (63 av. J.-C.)

Les Antécédents

Dans l'Antiquité, Rome était connue comme une république où les dirigeants étaient élus par le peuple. Ce système de gouvernement était assez unique et admiré dans le monde antique. Parmi les politiciens de cette époque se trouvait Lucius Sergius Catilina, généralement connu sous le nom de Catilina. Il était un homme ambitieux, dont le but était de devenir consul, l'une des charges les plus élevées et les plus puissantes de la politique romaine. Son parcours fut cependant marqué par des échecs répétés, car il perdit plusieurs élections. Ces échecs lui déplurent et engendrèrent chez lui un sentiment croissant de frustration et de désespoir.

À cette époque, de nombreux Romains étaient de plus en plus mécontents de leurs dirigeants. Il y avait d'importants problèmes économiques ; la ville souffrait de difficultés financières qui rendaient la vie difficile à de nombreux citoyens. Les problèmes sociaux étaient également répandus, et un fossé profond existait entre les riches et les pauvres. Cette fracture conduisait à un mécontentement généralisé et à des troubles au sein de la population, créant un environnement propice à une rébellion.

Catilina sentit son opportunité et trouva un soutien parmi ces groupes mécontents. Ses promesses de changements et de réformes résonnaient auprès de ceux qui étaient insatisfaits de la situation actuelle. En 63 av. J.-C., il planifia un soulèvement pour s'emparer du pouvoir et apporter les changements qu'il avait promis. Cette année-là, il se porta à nouveau candidat au consulat, espérant atteindre son objectif par des moyens politiques. Cependant, il perdit l'élection, une défaite qui fut le déclencheur de sa célèbre conspiration.

Après sa défaite électorale, Catilina commença à conspirer sérieusement. Lui et ses partisans tenaient des réunions secrètes, loin des regards curieux des autorités et du public. Ils élaborèrent un plan audacieux et dangereux, qui prévoyait l'assassinat des principaux dirigeants de Rome et l'incendie de la ville. Ce plan n'était pas seulement une simple expression de dissidence, mais un complot à part entière contre la République romaine elle-même.

Catilina commença à rassembler des forces et à constituer une armée de partisans prêts à prendre les armes pour sa cause. Les nouvelles de ces développements et la nature des plans de Catilina se répandirent progressivement, provoquant peur et terreur parmi les habitants de Rome. La ville était nerveuse et prête pour ce que beaucoup craignaient être une insurrection violente et destructrice. Cette période fut l'une des plus turbulentes de l'histoire de Rome, car la République se trouvait au bord du chaos et de la désorganisation, menacée par l'un des siens.

- Allégeance - Allegiance
- Audacieux - Bold
- Boulever - To overwhelm
- Comploter - To plot
- Déjouer - To thwart
- Échec - Failure
- Emparer - To seize
- Fracture - Rift
- Insurrection - Uprising
- Mécontent - Discontent
- Meneur - Leader
- Nerveux - Anxious
- Partisan - Supporter
- Rébellion - Rebellion
- Soulèvement - Uprising
- Trahison - Treason
- Turbulent - Tumultuous

La Découverte et la Réaction

Dans cette phase critique de l'histoire romaine, Cicéron, l'un des consuls de Rome, joua un rôle clé. Il s'opposa fermement à Catilina et à ses plans. Cicéron, connu pour sa sagesse et son éloquence, n'était pas seulement un dirigeant, mais aussi un gardien de la sécurité de la ville. Son rôle devint encore plus crucial lorsqu'il apprit l'existence de la conspiration de Catilina. Ces informations lui parvinrent non pas par hasard, mais grâce à des informateurs au courant du complot et décidés à en informer Cicéron.

Cicéron prit la mesure de la gravité de la situation et agit immédiatement. Il prononça des discours publics pour avertir les habitants de Rome du danger imminent. Ces appels passionnés visaient à alerter les citoyens sur la conspiration menaçant leur ville. À cette époque, les premières preuves contre Catilina et ses co-conspirateurs commencèrent à apparaître. Des lettres écrites par eux, détaillant leurs plans, furent interceptées. Ces lettres constituaient une preuve décisive de l'existence de la conspiration.

Le Sénat, le principal organe de gouvernement de la République, convoqua une session d'urgence pour discuter de la situation alarmante. La réunion fut marquée par un sentiment d'urgence. Le Sénat reconnut la nécessité d'agir énergiquement et conféra à Cicéron des pouvoirs spéciaux dans le cadre du "Senatus Consultum Ultimum". Cette mesure extraordinaire donnait à Cicéron le pouvoir de faire tout ce qui était nécessaire pour protéger l'État.

Fort de ces pouvoirs, Cicéron agit rapidement. Certains des partisans de Catilina furent arrêtés pour empêcher leur part du complot. Cicéron présenta les preuves recueillies au Sénat. Les lettres interceptées et les témoignages des informateurs dressaient un tableau clair de la conspiration et convainquirent beaucoup de la gravité de la menace.

La réaction publique à ces développements fut largement positive pour Cicéron. Les habitants de Rome, qui vivaient dans la peur des plans de Catilina, ressentirent un soulagement et une gratitude envers Cicéron pour son action déterminée. Cependant, lorsque Catilina comprit que son complot avait été découvert, il quitta Rome et rejoignit les troupes qu'il avait rassemblées. Cet acte montrait clairement qu'il n'avait pas abandonné ses ambitions.

En conséquence, Rome commença à se préparer à une possible confrontation. La ville ne pouvait se permettre de prendre des risques avec Catilina et son armée croissante. À Rome, un débat s'engagea sur la manière de traiter les conspirateurs. Certains plaidaient pour la clémence, tandis que d'autres estimaient que des mesures sévères étaient nécessaires pour prévenir de futures conspirations.

Le débat fut intense, mais finalement, les conspirateurs capturés à Rome furent exécutés. Cette mesure draconienne était considérée par beaucoup comme nécessaire pour protéger la République. Cependant, cette décision suscita des opinions partagées. Tout le monde n'était pas d'accord avec l'approche de Cicéron, et certains critiquèrent la sévérité des peines.

Pendant ce temps, l'armée de Catilina continuait de croître. Malgré les revers, de plus en plus de personnes rejoignaient sa cause. Cette situation représentait une menace constante pour Rome et préparait le terrain pour une confrontation dramatique et décisive. Les actions de Cicéron et du Sénat, la réaction du public et la menace persistante de Catilina contribuèrent à une atmosphère tendue et incertaine à Rome.

- Alerter - To alert
- Appréhender - To apprehend
- Atteindre - To reach
- Avérer - To prove
- Capturer - To capture
- Décisif - Decisive
- Éloquence - Eloquence
- Exécuter - To execute
- Intercepter - To intercept
- Mesure - Measure
- Plaider - To plead
- Prononcer - To pronounce
- Renoncer - To renounce
- Revirement - Reversal
- Susciter - To provoke
- Témoignage - Testimony

- Ultime - Ultimate

La Fin de la Conjuration

Lorsque la conspiration de Catilina atteignit son apogée, l'armée romaine se prépara à l'affronter en bataille. Sous le commandement des dirigeants romains, l'armée marcha pour faire face à Catilina et ses troupes. Catilina était déterminé à se battre et avait élaboré une stratégie : il voulait attaquer en premier pour prendre l'avantage sur l'armée romaine.

L'affrontement final eut lieu en 62 av. J.-C. lors de la bataille de Pistoria. Cette bataille fut décisive et marqua la fin de la conjuration de Catilina. Ce fut un combat dur et intense, où les deux camps firent preuve de grande bravoure et de détermination. Cependant, l'armée romaine se révéla plus forte et mieux disciplinée. Malgré les efforts de Catilina et le courage de ses hommes, ils durent finalement se rendre. Cette défaite signifia la fin de la conspiration qui avait menacé le cœur de Rome.

Catilina, l'homme qui avait initié toute cette affaire, trouva sa fin lors de cette bataille. Il se battit vaillamment, mais fut tué, mettant ainsi un terme à ses plans ambitieux et dangereux. Avec sa mort, la menace immédiate pour Rome était écartée.

Après la bataille, Rome retrouva la sécurité. La conspiration avait été écrasée et la ville pouvait respirer à nouveau. Cicéron, qui avait joué un rôle crucial dans la découverte et la lutte contre la conspiration, fut célébré en héros. Il acquit une grande renommée pour ses actions et renforça sa réputation de défenseur de la République.

Cependant, la fin de la conspiration ne signifiait pas la fin des problèmes pour Rome. La ville continuait de faire face à des troubles et à des problèmes. Le fossé entre les riches et les pauvres, les luttes politiques et les troubles sociaux restaient des enjeux persistants.

Avec le temps, les avis historiques sur Catilina et sa conspiration ont varié. Certains le voient comme un scélérat qui menaçait la

République, tandis que d'autres le considèrent comme une figure tragique, victime des circonstances de son époque.

Malgré sa renommée et ses mérites, Cicéron eut des difficultés dans les dernières années de sa vie. Il fut confronté à des luttes politiques et à des défis personnels. La conspiration eut un impact significatif sur la politique romaine et changea la manière dont le pouvoir était exercé et perçu dans la République.

L'héritage de la conspiration de Catilina est encore étudié et débattu aujourd'hui. Elle soulève d'importantes questions morales sur le pouvoir, la justice et les méthodes de préservation de l'État. La conspiration, ses causes, la réaction qu'elle a suscitée et ses conséquences offrent des leçons précieuses dans l'histoire romaine. Bien que cet événement soit vieux de plusieurs siècles, il reste pertinent pour les discussions sur la politique, l'éthique et la gouvernance.

- Affronter - To confront
- Apogée - Peak
- Bravoure - Bravery
- Confronter - To confront
- Décisif - Decisive
- Défaite - Defeat
- Dépister - To track down
- Écarter - To remove
- Écraser - To crush
- Initiateur - Initiator
- Luttes - Struggles
- Menacer - To threaten
- Réagir - To react
- Renommée - Fame
- Scélérat - Villain
- Soulever - To raise
- Victime - Victim

L'assassinat de Jules César (44 av. J.-C.)

Jules César et Rome

Jules César fut l'un des dirigeants les plus puissants de l'histoire de Rome. Sous son règne, Rome étendit considérablement son territoire. Il mena de nombreuses campagnes victorieuses, rendant Rome plus grande et plus influente. Son pouvoir à Rome grandit au point qu'il fut nommé dictateur à vie. Cela représentait un changement majeur par rapport au système antérieur de Rome, où les dirigeants changeaient régulièrement.

De nombreux Romains admiraient et aimaient César. Ils appréciaient sa forte direction et les victoires qu'il remportait pour Rome. Il était un chef charismatique, et sa capacité à communiquer avec le peuple était remarquable. Sous son règne, il mit en œuvre de nombreux changements politiques visant à améliorer et à renforcer Rome.

Cependant, tout le monde n'était pas satisfait du règne de César. Certains membres du Sénat, un groupe de personnes puissantes impliquées dans la direction de Rome, craignaient le pouvoir de César. Ils redoutaient qu'il ne devienne trop puissant et que cela puisse être néfaste pour Rome. Par conséquent, les tensions augmentèrent à Rome.

César avait de grandes ambitions pour Rome. Il voulait faire de la ville la plus grande et la plus puissante du monde. À cette fin, il planifiait de nombreuses réformes et changements. Cependant, certains sénateurs pensaient qu'il s'appropriait trop de pouvoir. À leur avis, une seule personne ne devait pas détenir autant de pouvoir à Rome. Cela mena à des discussions secrètes parmi certains sénateurs pour arrêter César.

Rome était divisée sur la question de César. Tandis que de nombreuses personnes du peuple le soutenaient pour les améliorations qu'il apportait à leur vie, les riches et les puissants étaient inquiets. Ils avaient l'habitude d'exercer une grande influence à Rome et considéraient le pouvoir de César comme une menace pour leur position.

Les réformes de César incluaient également des changements dans les lois et la société. Il voulait améliorer la vie de la population ordinaire de Rome. Cela le rendait très populaire parmi eux. Cependant, l'élite, habituée à détenir beaucoup de contrôle et de pouvoir, s'inquiétait de ces changements. Ils pensaient que César leur retirait le pouvoir.

Cette division à Rome prépara le terrain pour ce qui allait suivre. L'amour et le soutien du peuple pour César se heurtaient à la peur et à l'inquiétude de l'élite et de certains sénateurs. C'était une période de grands changements et d'incertitude à Rome, et César se trouvait au cœur de ces événements.

- Amélioration - Improvement
- Changement - Change
- Charismatique - Charismatic
- Diviser - To divide
- Élites - Elites
- Exercer - To exercise (e.g., power, influence)
- Influence - Influence
- Inquiétude - Worry
- Mener - To lead
- Nécessaire - Necessary
- Nommer - To appoint
- Ordinaire - Ordinary
- Puissant - Powerful
- Règne - Reign
- Réformes - Reforms
- Remporter - To win
- Tensions - Tensions

La Conjuration contre César

À mesure que le pouvoir de César grandissait à Rome, un groupe de sénateurs commença à conspirer secrètement contre lui. Ces sénateurs étaient inquiets de l'emprise croissante de César et croyaient devoir agir pour le bien de Rome. Ils élaborèrent un plan secret pour l'arrêter.

Une des figures principales de cette conjuration était Brutus. Brutus était un ami de César, ce qui rendait sa participation à la conspiration encore plus choquante. Brutus était respecté à Rome, et sa participation montrait à quel point la situation était devenue grave.

Les conspirateurs se réunirent en secret et planifièrent soigneusement leur coup. Ils devaient être très prudents, car si quelqu'un découvrait leur plan, il pourrait échouer et ils se mettraient en grand danger. Ils décidèrent d'exécuter leur plan le 15 mars 44 av. J.-C. Cette date fut choisie avec soin ; c'était un jour où César serait au Sénat, un endroit où ils pourraient le trouver au milieu de nombreuses personnes.

Leur objectif était clair et effrayant : ils voulaient tuer Jules César. Ils prévoyaient de l'attaquer au Sénat, un lieu où il traiterait des affaires d'État. Le choix de ce lieu était stratégique et symbolique. Le Sénat était le cœur de la vie politique romaine, et en choisissant ce lieu, les conspirateurs voulaient exprimer leurs intentions pour Rome.

À mesure que de plus en plus de sénateurs apprenaient l'existence du complot, certains décidèrent de se joindre à eux. Avec chaque nouveau membre, le risque de découverte augmentait, mais cela montrait aussi l'inquiétude croissante des dirigeants romains concernant le règne de César. Les conspirateurs prétendaient que leur motivation était de sauver Rome d'un dictateur. Ils croyaient agir dans le meilleur intérêt de la ville en éliminant César.

Ils gardèrent leur plan strictement secret, le cachant au public et même aux autres sénateurs qui n'étaient pas impliqués dans la conspiration. À l'approche du jour de l'assassinat, ils firent leurs derniers préparatifs. Tout devait être parfait pour que leur plan réussisse.

Pendant ce temps, César reçut plusieurs avertissements concernant des dangers possibles. Il y avait des signes et des rumeurs d'un complot contre lui, mais César choisit d'ignorer ces avertissements. Soit il n'y croyait pas, soit il voulait montrer qu'il n'avait pas peur.

Enfin, le jour de l'assassinat arriva : le 15 mars, aussi connu sous le nom des Ides de mars. C'était le jour que les conspirateurs avaient préparé. Ce fut un jour qui allait changer Rome pour toujours. Les sénateurs avaient leur plan, et ils étaient prêts à l'exécuter. La ville de Rome continuait son quotidien en ignorant l'événement à venir, tandis qu'un petit groupe de personnes se préparait à ébranler le monde romain.

- Affaires - Business
- Apprenaient - Learned
- Cacher - To hide
- Choisir - To choose
- Coup - Stroke/blow
- Croissance - Growth
- Danger - Danger
- Découvrir - To discover
- Emprise - Grip
- Événement - Event
- Inquiétant - Worrying
- Motivation - Motivation
- Planifier - To plan
- Préparatifs - Preparations
- Prétendre - To claim
- Réunir - To gather
- Traiter - To deal with

L'assassinat et ses répercussions

L'assassinat de Jules César fut un événement choquant qui se déroula au Sénat, le centre de la politique romaine. Le 15 mars 44 av. J.-C., les conspirateurs, parmi lesquels de nombreux sénateurs, mirent leur plan à exécution. César fut attaqué et tué au Sénat, un lieu où il avait été une personnalité puissante et respectée. Cet acte n'était pas seulement une attaque personnelle contre César, mais aussi une déclaration contre sa domination sur Rome.

L'un des conspirateurs les plus remarquables était Brutus, un ami de César. Sa participation à l'assassinat fut significative et ajouta au drame de l'événement. On dit que lorsque César fut attaqué, il vit Brutus parmi les assaillants et prononça les célèbres mots "Et tu, Brute ?", signifiant "Toi aussi, Brutus ?". Ce moment est devenu l'un des plus célèbres de l'histoire, symbolisant la trahison et la complexité du pouvoir.

La réaction à Rome à l'annonce de l'assassinat de César fut marquée par le choc et l'incrédulité. Personne n'avait imaginé qu'une personnalité aussi puissante puisse être tuée de cette manière. Les conspirateurs croyaient qu'en tuant César, ils sauveraient Rome d'une dictature et restaureraient la République. Leur action eut cependant l'effet inverse.

La réaction publique fut un mélange de colère et de tristesse. César était aimé de beaucoup, notamment du peuple, pour lequel il avait amélioré les conditions de vie. Ses funérailles furent un événement majeur, auquel assistèrent de nombreuses personnes. Ce fut une période de deuil et de réflexion pour la ville de Rome.

Après sa mort, Rome sombra dans le chaos. Sans la direction de César, un vide de pouvoir se créa et diverses factions luttèrent pour le contrôle. Ce chaos déboucha finalement sur une guerre civile, où les leaders et leurs partisans se disputaient la suprématie.

Une des figures clés de cette époque fut Octave, l'héritier adopté de César. Il devint plus tard connu sous le nom d'Auguste, le premier empereur de Rome. L'assassinat de César et les troubles qui s'ensuivirent jouèrent un rôle déterminant dans la fin de la République romaine et marquèrent le début de l'Empire romain, ouvrant un nouveau chapitre dans l'histoire de Rome.

La mort de César eut d'immenses répercussions historiques. Elle changea le cours de l'histoire romaine, conduisit à la naissance de l'Empire et mit fin à des siècles de gouvernement républicain. L'héritage de César a perduré à travers les siècles. Il reste l'une des personnalités les plus célèbres de l'histoire, connu pour ses qualités de leader, ses compétences militaires et sa fin dramatique.

Après l'assassinat de César, Rome ne fut plus jamais la même. Cet événement modifia le paysage politique et laissa une empreinte durable dans l'histoire mondiale. La vie et la mort de César ont été étudiées et racontées de nombreuses fois, soulignant la fascination continue pour son histoire et son importance.

- Améliorer - To improve
- Annonce - Announcement
- Attaquer - To attack
- Choquant - Shocking
- Déboucher - To lead to
- Déclaration - Statement
- Dérouler - To take place
- Empreinte - Imprint
- Exécution - Execution
- Funérailles - Funeral
- Incrédulité - Disbelief
- Lutter - To struggle
- Répercussions - Repercussions
- Restaurer - To restore
- S'effondrer - To collapse
- Sombre - To sink
- Trahison - Betrayal

La Conjuration de Pison (65 apr. J.-C.)

Néron et Rome

Néron était un célèbre empereur romain, connu pour son règne controversé et dramatique. Il fut nommé empereur à un très jeune âge, ce qui était inhabituel pour les dirigeants romains. Son règne était marqué par un vif intérêt pour les activités artistiques et un style de vie extravagant et luxueux. Cependant, ce mode de vie était peu apprécié par de nombreux Romains, qui désapprouvaient son extravagance.

Pendant le règne de Néron, ses actions et décisions engendrèrent des tensions politiques, surtout parmi l'élite romaine. Ils étaient préoccupés par sa manière de gouverner et son mépris pour les valeurs traditionnelles romaines. Ce mécontentement ne se limitait pas seulement à l'élite ; de nombreux citoyens ordinaires se sentaient également mal à l'aise avec la direction de Néron.

L'un des événements les plus marquants de la période de Néron fut le Grand Incendie de Rome en 64 apr. J.-C. Cet incendie dévastateur détruisit une grande partie de la ville. Des rumeurs circulèrent accusant Néron d'être à l'origine de l'incendie, bien que cela n'ait jamais été prouvé. En réponse à ces rumeurs, Néron accusa les chrétiens de Rome d'avoir déclenché le feu, ce qui entraîna de sévères persécutions.

Au fil du temps, le mécontentement grandit parmi la population et dans le monde politique. La peur d'une rébellion contre le règne de Néron augmentait. Néron lui-même devint de plus en plus paranoïaque concernant sa sécurité, craignant que quelqu'un tente de le renverser. Il réagit souvent à cette crainte de manière dure et brutale, en émettant des ordres stricts et en punissant ceux qu'il soupçonnait de déloyauté.

L'élite romaine, qui avait autrefois beaucoup de pouvoir et d'influence à Rome, était particulièrement mécontente de Néron. Ils voyaient dans son règne une déstabilisation de la politique romaine, conduisant à l'insécurité et au chaos. Dans cette atmosphère, des plans pour une conspiration contre Néron commencèrent à se former. Divers groupes, mécontents du règne de Néron, commencèrent à s'opposer activement à lui.

Au cours de son règne, Néron se retrouva de plus en plus isolé, car un nombre croissant de Romains considéraient son règne comme nuisible au bien-être de la ville. Cette opposition croissante prépara le terrain pour un complot visant à mettre fin au règne controversé de Néron sur Rome.

- Accuser - To accuse
- Brutal - Harsh
- Conspiration - Conspiracy
- Dévastateur - Devastating
- Émettre - To issue
- Engendrer - To generate
- Extravagance - Extravagance
- Incendie - Fire
- Inhabituel - Unusual
- Isolé - Isolated
- Mécontentement - Discontent
- Nuisible - Harmful
- Paranoïaque - Paranoid
- Persécution - Persecution
- Préoccupé - Concerned
- Renverser - To overthrow
- Sécurité - Security

La Conjuration de Pison

La Conjuration de Pison était un complot majeur contre l'empereur Néron, dirigé par Gaius Calpurnius Piso, un noble romain. Piso était connu pour son statut de noble et considéré comme un possible leader alternatif à Néron. Les conspirateurs, un groupe de personnes souhaitant renverser Néron, se réunissaient en secret pour planifier leurs actions. Ils étaient déterminés à mettre fin au règne de Néron, qu'ils considéraient comme tyrannique et nuisible pour Rome.

Le principal objectif de la conspiration était d'assassiner Néron et de le remplacer par Piso. Pour y parvenir, ils commencèrent à recruter secrètement d'autres membres. Le groupe des conspirateurs était diversifié et comprenait des sénateurs mécontents du règne de Néron, des soldats qui se sentaient trahis par l'empereur, ainsi que des poètes et des philosophes à la recherche d'un meilleur dirigeant pour Rome.

Leur motivation était claire : ils voulaient mettre fin au règne oppressif et extravagant de Néron et croyaient qu'en l'éliminant, ils pourraient rétablir la stabilité et les valeurs traditionnelles à Rome. Ils gardaient leur plan strictement confidentiel, sachant que sa découverte entraînerait de graves conséquences.

Il était crucial de choisir le bon moment pour l'action. Ils avaient besoin d'un moment où Néron serait vulnérable et où ils pourraient exécuter leur plan sans résistance immédiate. La peur constante d'être découverts ajoutait de la tension et de l'urgence à leurs réunions.

Au sein du groupe, il y avait des désaccords sur le moment, la méthode de l'assassinat et les plans pour l'après-Néron. Les philosophes impliqués dans le complot apportaient leurs idées et perspectives aux discussions.

Fait intéressant, certains officiers militaires participaient également à la conspiration. Leur implication montrait le mécontentement généralisé envers le règne de Néron, dépassant les cercles politiques. Au fil du temps, le mécontentement s'étendit et de plus en plus de Romains ressentaient la nécessité d'un changement.

Cependant, le complot fut finalement découvert. Cette découverte entraîna une réaction rapide et sévère. De nombreux conspirateurs, y compris Piso et d'autres impliqués, furent arrêtés. Ils furent traduits en justice, et beaucoup furent exécutés ou sévèrement punis.

La découverte de la Conjuration de Pison révéla les profondes divisions et l'agitation au sein de la société romaine sous le règne de Néron. Elle était un signe clair que de nombreuses personnes à Rome, issues de différentes couches sociales, étaient profondément insatisfaites de l'empereur et prêtes à prendre des mesures drastiques pour provoquer un changement de leadership.

- Assassiner - To assassinate
- Complot - Plot
- Confidentiel - Confidential
- Conspirateur - Conspirator
- Découverte - Discovery
- Dirigeant - Leader
- Diversifié - Diverse
- Éliminer - To eliminate
- Exécuté - Executed
- Mécontent - Dissatisfied
- Oppressif - Oppressive
- Planifier - To plan
- Punition - Punishment
- Recruter - To recruit
- Remplacer - To replace
- Réunion - Meeting
- Tyrannique - Tyrannical

Les Conséquences de la Conjuration

Après la découverte de la Conjuration de Pison, Néron réagit avec une extrême colère et paranoïa. Il se sentit trahi et craignit d'autres complots contre lui. Il ordonna alors des arrestations massives, qui ne visaient pas seulement les conspirateurs, mais aussi de nombreux innocents soupçonnés d'être impliqués dans la conspiration. Cela conduisit à une peur et une insécurité généralisées parmi la population romaine.

Beaucoup des personnes arrêtées, y compris des innocents, furent exécutées. Ces exécutions faisaient partie de la tentative de Néron de démontrer son pouvoir et de prévenir de futures conspirations. Cependant, cette réaction ne fit qu'accentuer le sentiment d'oppression et de peur parmi le peuple romain.

La découverte et les conséquences de la conspiration marquèrent le début de la chute de Néron. Sa position déjà précaire en tant qu'empereur en fut davantage affaiblie. Il perdit non seulement le soutien de l'élite, mais aussi celui du grand public, déçu par son règne de plus en plus répressif.

La Conjuration de Pison eut un impact durable sur Rome. Elle révéla la profonde insatisfaction et la division au sein de la société romaine. L'événement montra l'ampleur de la résistance à la domination de Néron et jusqu'où ses adversaires étaient prêts à aller pour le renverser.

Quelques années après la conspiration, le règne de Néron prit fin. Face à une révolte et à la perte de soutien, Néron se suicida en 68 apr. J.-C. Sa mort marqua un tournant majeur dans l'histoire romaine. Elle mit fin à la dynastie julio-claudienne et entraîna une période d'instabilité politique et de guerre civile, où diverses factions se disputaient le pouvoir.

Le débat historique sur l'héritage de Néron se poursuit encore aujourd'hui. Certains le voient comme un dirigeant tyrannique, dont le règne fut marqué par le gaspillage et l'oppression. D'autres reconnaissent sa contribution à l'art et à la culture de Rome.

La Conjuration de Pison reste un événement historique majeur. Elle reflète la complexité du pouvoir, de la domination et de la résistance dans la Rome antique. Les conséquences de la conspiration préparèrent le terrain pour de futurs changements à Rome, mais entraînèrent aussi une période d'instabilité et ouvrirent la voie à une nouvelle direction et orientation.

La conspiration et ses répercussions sont également une réflexion sur la nature du pouvoir et de la domination. Elles montrent comment les actions d'un dirigeant peuvent mener à la résistance et à la rébellion et comment la lutte pour le pouvoir peut avoir des conséquences profondes pour une société. Les événements qui suivirent la Conjuration de Pison rappellent l'impact de la gouvernance sur la stabilité et l'avenir d'une nation.

- Accentuait - Accentuated
- Arrestations - Arrests
- Conduire - To lead
- Contribuer - To contribute
- Débat - Debate
- Déçu - Disappointed
- Démontrer - To demonstrate
- Événement - Event
- Gaspillage - Waste
- Impact - Impact
- Innocent - Innocent
- Insécurité - Insecurity
- Marquer - To mark
- Oppression - Oppression
- Paranoïa - Paranoia
- Répercussions - Repercussions
- Tyrannique - Tyrannical

La Conjuration de Claudius Civilis (69 apr. J.-C.)

Claudius Civilis et les Bataves

Claudius Civilis était un chef éminent des Bataves, une tribu connue dans l'Empire romain pour ses combattants redoutables. À l'origine, Civilis était un allié de Rome et servait même dans l'armée romaine, ce qui témoignait des relations étroites entre les Bataves et les Romains. Au fil du temps, cependant, ces relations devinrent de plus en plus tendues.

Les Bataves, bien que reconnus pour leurs compétences martiales, étaient sous contrôle romain, ce qui engendrait des tensions croissantes. Des disputes et des mauvais traitements de la part des autorités romaines provoquaient du mécontentement parmi les Bataves. Civilis lui-même fit l'expérience de ces tensions lorsqu'il fut arrêté par les Romains sous suspicion de déloyauté, avant d'être finalement relâché. Cet incident joua un rôle crucial dans son désir de rébellion.

Civilis, inspiré par la maltraitance de son peuple, reconnut le mécontentement croissant parmi eux et commença à planifier une rébellion contre la domination romaine. Il organisa des réunions secrètes avec les chefs d'autres tribus, jetant ainsi les bases de ce qui allait suivre. Ces réunions étaient essentielles pour gagner le soutien de diverses tribus également mécontentes de la domination romaine.

De nombreux peuples et groupes au sein de l'Empire romain étaient insatisfaits des exigences élevées qui leur étaient imposées. Les Romains exigeaient non seulement des impôts élevés de ces tribus, mais aussi des soldats pour leur armée. Cette pression constante et la demande de ressources alimentaient le feu de la rébellion.

Civilis, fort de son expérience militaire, planifia de combattre les Romains avec des tactiques de guérilla. Cette forme de guerre, basée sur des attaques surprises et des embuscades, convenait parfaitement aux compétences martiales des Bataves. Civilis commença à rassembler les Bataves et d'autres tribus pour revendiquer leur liberté face à la domination romaine. Son charisme et ses qualités de leader furent essentiels pour unir les tribus sous une cause commune.

Le début du soulèvement fut d'abord discret, car Civilis et ses partisans élaboraient soigneusement leurs plans. Ils savaient qu'ils affrontaient un empire puissant et que leurs actions pouvaient avoir de graves conséquences. Cependant, le désir de liberté et d'autonomie était fort, et les Bataves, sous la direction de Civilis, étaient prêts à lutter pour leurs droits et leur indépendance. Ce fut le début d'une rébellion significative contre l'un des empires les plus puissants du monde antique.

- Affronter - To confront
- Attaque - Attack
- Charisme - Charisma
- Combattre - To fight
- Déloyauté - Disloyalty
- Domination - Domination
- Élaborer - To develop
- Embuscade - Ambush
- Exigences - Demands
- Liberté - Freedom
- Maltraitance - Abuse
- Mécontentement - Dissatisfaction
- Planifier - To plan
- Pression - Pressure
- Rassembler - To gather
- Rébellion - Rebellion
- Soulèvement - Uprising

Le Déroulement de la Rébellion

La rébellion menée par Claudius Civilis commença par des attaques stratégiques contre des cibles romaines. Les troupes aguerries de Civilis utilisaient des tactiques de surprise pour défier efficacement les troupes romaines. Cette méthode de guerre surprit les Romains et aboutit à des victoires précoces pour Civilis et ses hommes.

À mesure que la rébellion gagnait en ampleur, d'autres tribus, inspirées par la bravoure et le succès de Civilis, rejoignirent les Bataves dans leur lutte contre Rome. Cette unité parmi les tribus renforça la rébellion et en fit une force redoutable contre l'Empire romain. L'alliance croissante des tribus représentait un défi majeur pour l'autorité romaine dans la région.

L'Empire romain, reconnaissant la menace posée par la rébellion de Civilis, envoya des légions pour la réprimer. L'une des batailles clés de ce conflit fut la bataille du Rhin, qui se déroula près du fleuve stratégique du même nom.

Malgré la puissance des légions romaines, Civilis et ses troupes remportèrent plusieurs victoires initiales. Ces succès renforcèrent le moral des insurgés et entraînèrent un soutien accru de la part de la population locale. La rébellion se répandit dans toute la région, signalant un mécontentement généralisé envers la domination romaine.

Rome faisait face à des défis considérables dans ses tentatives de contenir la rébellion. Elle devait affronter non seulement des guerriers habiles utilisant des tactiques de guérilla, mais aussi des difficultés logistiques pour gérer un conflit aussi étendu. L'expansion de la rébellion dans toute la région et la prise de plusieurs forteresses romaines par les forces de Civilis compliquèrent la réponse militaire des Romains.

À mesure que d'autres tribus rejoignaient la rébellion, celle-ci devenait de plus en plus forte et étendue. Cela força Rome à envoyer des troupes et des ressources supplémentaires dans la région. Le conflit fut marqué par plusieurs sièges et batailles, les forces romaines essayant de reprendre le contrôle et de réprimer le soulèvement.

Cependant, malgré les succès initiaux de Civilis et de ses alliés, le cours de la rébellion changea. L'Empire romain, avec ses vastes ressources et son armée expérimentée, commença à riposter contre les rebelles. Ce tournant marqua un changement dans le conflit, alors que Rome lançait une contre-offensive plus efficace contre Civilis et ses troupes.

Le déroulement de la rébellion montra le fort désir des tribus pour l'indépendance et leur résistance contre la domination romaine. Il souligna également la difficulté pour l'Empire romain de maintenir le contrôle sur ses vastes territoires. Bien que la rébellion ait été initialement couronnée de succès, elle se heurta finalement à la puissance écrasante et aux ressources d'un des empires les plus puissants du monde antique.

- Aguerri - Seasoned (experienced)
- Ampleur - Extent
- Bravoure - Bravery
- Défi - Challenge
- Déroulement - Development
- Effet - Effect
- Forteresse - Fortress
- Guérilla - Guerrilla warfare
- Insurgé - Insurgent
- Logistique - Logistics
- Mécontentement - Discontent
- Réprimer - To suppress
- Riposter - To retaliate
- Ressources - Resources
- Siège - Siege
- Stratégique - Strategic
- Victoire - Victory

La Fin du Soulèvement et ses Conséquences

Alors que le soulèvement des Bataves mené par Claudius Civilis atteignait sa phase critique, l'Empire romain lança une grande contre-offensive. Cela marqua un tournant significatif dans le conflit, les Romains commençant à reprendre le contrôle. Face à la puissance croissante de la réponse romaine, Civilis et ses troupes se retrouvèrent dans une situation difficile et commencèrent à se replier.

Au cours de cette contre-offensive, les légions romaines réussirent à reconquérir une grande partie des territoires perdus. Les régions qui avaient été sous le contrôle de Civilis et de ses alliés furent lentement mais sûrement reprises par les troupes romaines. Cette perte progressive de territoire et de soutien affaiblit la rébellion. L'élan initial que Civilis avait créé commença à s'estomper alors que la puissance militaire de l'Empire romain prenait le dessus sur les rebelles.

Le sort de Claudius Civilis après la fin du soulèvement n'est pas entièrement clair dans les archives historiques. On sait toutefois qu'il négocia avec les Romains à la fin de la rébellion. Ces négociations aboutirent à des conditions de paix acceptées par les deux parties. La nature exacte de ces conditions n'est pas complètement documentée, mais elles réintégrèrent les Bataves sous la domination romaine.

Après le soulèvement, l'Empire romain apporta quelques modifications à sa politique envers les tribus. Cela comprenait probablement davantage de respect et d'autonomie pour les Bataves, la reconnaissance de leurs compétences militaires et la nécessité d'une relation plus coopérative. Le soulèvement et en particulier le rôle de Civilis laissèrent un héritage durable. Civilis est considéré comme un combattant de la liberté et un symbole de la résistance contre la domination romaine.

Les Romains développèrent à leur tour un respect pour les combattants bataves. Ils reconnurent leur bravoure et le défi qu'ils représentaient pendant le soulèvement. Le conflit mit en lumière plusieurs problèmes au sein de l'Empire romain, notamment les défis de gouverner des territoires divers et éloignés.

En réponse à ces défis, l'armée romaine subit quelques transformations. Ces changements visaient à prévenir des rébellions similaires à l'avenir et à renforcer le contrôle de l'Empire sur ses territoires. Le soulèvement eut également pour conséquence que les tribus unies sous la direction de Civilis développèrent un sentiment plus fort d'unité.

Le soulèvement des Bataves et sa répression ultime reflétaient les limites du pouvoir romain. Il montrait que, bien que l'Empire romain fût puissant, sa domination sur ses territoires n'était pas absolue et pouvait être contestée. Le soulèvement de Civilis et des Bataves est un événement historique significatif qui illustre la complexité de l'Empire, de la résistance et de la lutte pour l'autonomie.

- Aboutir - To result in
- Bravoure - Bravery
- Condition - Condition
- Contre-offensive - Counter-offensive
- Critique - Critical
- Défi - Challenge
- Estomper - To fade
- Héritage - Legacy
- Initial - Initial
- Négocier - To negotiate
- Rébellion - Rebellion
- Reconquérir - To reconquer
- Replier - To retreat
- Résistance - Resistance
- Respect - Respect
- Tournant - Turning point
- Ultime - Ultimate

La Rébellion des Zanj (869-883 apr. J.-C.)

Origines et Causes de la Rébellion des Zanj

La rébellion des Zanj, un soulèvement majeur du IXe siècle, s'est déroulée dans le contexte du califat abbasside, un grand empire islamique. Cette époque était marquée par une croissance économique et un développement culturel, mais aussi par des inégalités sociales répandues.

Au cœur de la rébellion se trouvaient les Zanj, des Africains réduits en esclavage et amenés dans le sud de l'Irak, en particulier dans la région de Bassora, pour y travailler dans des conditions difficiles. Les Zanj étaient principalement employés dans les marais salants, où ils devaient travailler dans des conditions extrêmement ardues et oppressantes. La gravité de leur exploitation et les privations qu'ils devaient endurer ont été des facteurs déterminants dans leur désir de libération.

Le soulèvement n'était pas seulement une réaction à un traitement brutal, mais aussi aux injustices économiques. Les Zanj et d'autres travailleurs des classes inférieures étaient accablés par des impôts élevés et une politique économique qui favorisait l'élite, ce qui provoquait un mécontentement généralisé.

L'empire abbasside connaissait une grande inégalité sociale avec un fossé marqué entre l'élite riche et puissante et les classes inférieures, y compris les esclaves. Cette inégalité était l'un des moteurs de la rébellion, car elle alimentait les ressentiments et le désir de changement.

Parmi les esclaves Zanj, un leader émergea pour commencer à organiser et à planifier un soulèvement. Ce leadership était crucial pour unir les personnes réduites en esclavage et opprimées et concentrer leurs efforts sur un objectif commun.

À mesure que la planification de la rébellion progressait, les Zanj gagnèrent le soutien d'autres groupes opprimés et marginalisés au sein de l'empire. Ce soutien croissant témoignait du mécontentement généralisé parmi diverses couches de la société.

Alors que ces plans se tramaient, la région connut une montée des troubles et des tensions. De petits actes de résistance et de défiance de la part des Zanj marquaient le début d'une opposition organisée contre les autorités abbassides.

Avec la propagation du mécontentement parmi les groupes réduits en esclavage et opprimés, l'appel à l'action devint de plus en plus fort. C'est ainsi que la mobilisation de ces groupes pour une rébellion à grande échelle aboutit à l'officialisation du début de la rébellion des Zanj.

La rébellion des Zanj était donc le résultat d'une combinaison de traitements sévères des esclaves, d'inégalités économiques et sociales et de l'émergence d'un leadership fort parmi les opprimés. Elle représentait un défi significatif pour le califat abbasside et fut l'un des soulèvements d'esclaves les plus remarquables de l'histoire.

- Abbasside - Abbasid (related to the Abbasid Caliphate)
- Accablé - Overwhelmed
- Ardu - Arduous
- Défiance - Defiance
- Dérouler - To take place
- Émerger - To emerge
- Empereur - Emperor
- Exploitation - Exploitation
- Fossé - Gap
- Inégalité - Inequality
- Injustice - Injustice
- Marginalisé - Marginalized
- Mécontentement - Discontent
- Oppression - Oppression
- Priver - To deprive
- Révolte - Revolt
- Soulèvement - Uprising

La Rébellion et son Déroulement

La rébellion des Zanj commença par une série d'attaques coordonnées marquant le début du soulèvement. Ces premières attaques visaient stratégiquement les autorités locales et les points d'infrastructure clés, signalant l'organisation des rebelles.

Les Zanj menaient une guerre de guérilla, utilisant des attaques surprises et des actions stratégiques à leur avantage. Cette méthode de guerre était particulièrement efficace contre les forces plus traditionnellement organisées du califat abbasside.

Au fur et à mesure que l'insurrection progressait, les Zanj parvinrent à prendre le contrôle de territoires importants dans le sud de l'Irak. Ils conquirent des zones clés cruciales pour l'expansion et la durabilité de la rébellion.

Le nombre de participants à la rébellion augmenta, de plus en plus d'esclaves et de travailleurs, inspirés par les premiers succès des Zanj, rejoignant le soulèvement. Cet afflux de partisans renforça la puissance et l'influence de l'insurrection.

Au sein des rebelles Zanj, une direction forte et efficace émergea. Celle-ci était essentielle pour organiser la rébellion, prendre des décisions stratégiques et maintenir le moral des rebelles.

Le califat abbasside, l'empire régnant à l'époque, eut des difficultés à répondre efficacement à l'insurrection. L'ampleur et la nature du soulèvement représentaient un défi considérable pour les capacités militaires et administratives du califat.

Le conflit s'étendit sur plusieurs années, illustrant l'ampleur et la ténacité de la rébellion. Il ne s'agissait pas d'un soulèvement éphémère, mais d'une lutte prolongée ayant des répercussions importantes sur la région.

Pendant la rébellion, les rebelles réussirent à conquérir plusieurs villes importantes. Ces conquêtes apportèrent non seulement des avantages stratégiques, mais symbolisaient également le sérieux défi que la rébellion représentait pour l'autorité abbasside.

Les impacts économiques de la rébellion furent considérables. Les perturbations causées par le conflit affectèrent l'économie régionale, impactant le commerce, l'agriculture et d'autres activités économiques.

Les Zanj mirent en place leur propre forme d'administration dans les territoires qu'ils contrôlaient. Cette administration rebelle montrait les capacités organisationnelles des Zanj et leur aspiration à l'autonomie.

Le califat abbasside lança plusieurs campagnes militaires pour réprimer la rébellion. Ces campagnes connurent des succès variés et montrèrent à la fois la puissance militaire du califat et la résilience des rebelles.

Pendant la rébellion, il y eut plusieurs situations de blocage où aucune des deux parties ne parvenait à remporter une victoire décisive. Ces impasses reflétaient l'équilibre des forces entre les rebelles et les forces abbassides.

Malgré de nombreux défis, les rebelles Zanj firent preuve d'une remarquable résilience et détermination. Leur résistance prolongée devint un symbole de leur lutte pour la liberté et les droits.

Au cours de la rébellion, il y eut des batailles et des tournants importants. Ces événements furent cruciaux pour le déroulement du conflit et eurent des conséquences à long terme pour les rebelles et le califat abbasside.

Le déroulement de la rébellion des Zanj illustre les efforts significatifs et persistants des groupes opprimés pour défier les structures de pouvoir existantes. Il montre la complexité des conflits historiques et l'impact de tels soulèvements sur le paysage social et politique de leur époque.

- Afflux - Influx
- Ampleur - Extent
- Blocage - Stalemate
- Campagne - Campaign
- Conquérir - To conquer

- Déroulement - Progression
- Émerger - To emerge
- Éphémère - Ephemeral
- Impasse - Deadlock
- Insurrection - Insurrection
- Perturbation - Disruption
- Prolongé - Prolonged
- Répression - Suppression
- Résilience - Resilience
- Soulèvement - Uprising
- Stratégique - Strategic
- Ténacité - Tenacity

Répression et Conséquences

Le califat abbasside, déterminé à écraser la rébellion des Zanj, intensifia ses efforts militaires. Cela marqua un tournant dans le conflit, les forces abbassides se concentrant sur la fin définitive du soulèvement.

Au fil du temps, la rébellion commença à s'essouffler. Face à la pression militaire croissante et à l'épuisement des ressources, les rebelles furent progressivement affaiblis. Cet affaiblissement des forces rebelles fut un facteur essentiel dans la répression finale du soulèvement.

Un coup décisif pour la rébellion fut la capture des principaux dirigeants rebelles. Les forces abbassides réussirent à capturer plusieurs chefs éminents du soulèvement, ce qui eut un effet démoralisant sur les troupes rebelles.

Finalement, la rébellion des Zanj fut écrasée par le califat abbasside. Les longues campagnes militaires et les efforts stratégiques des forces abbassides aboutirent à la fin de la rébellion et à la restauration de leur contrôle sur la région.

Après le soulèvement, les autorités abbassides exercèrent de dures représailles contre les insurgés. Ces représailles comprenaient des exécutions, une réesclavage et des mesures punitives contre ceux qui avaient participé ou soutenu le soulèvement.

Après la répression de la rébellion, l'Empire abbasside s'efforça de rétablir l'ordre dans la région. Cela incluait la restauration du contrôle administratif et l'élimination des perturbations causées par le conflit prolongé.

Les conséquences pour les Zanj eux-mêmes furent dévastatrices. Beaucoup furent tués pendant le conflit ou lors des représailles qui suivirent. D'autres furent capturés et réenslavés, étant soumis à des conditions encore plus dures qu'auparavant.

La rébellion eut des conséquences économiques significatives à long terme pour le sud de l'Irak. L'économie de la région, déjà affaiblie par des années de conflit, souffrit fortement des impacts sur l'agriculture, le commerce et l'industrie.

En réponse à la rébellion, l'Empire abbasside apporta quelques changements politiques. Ces modifications visaient à aborder certains des problèmes qui avaient conduit au soulèvement, bien que leur efficacité et leur ampleur variaient.

L'importance historique de la rébellion des Zanj réside dans le fait qu'elle mit en lumière les questions de l'esclavage et de l'injustice sociale. Elle attira l'attention sur les conditions et le traitement des personnes réduites en esclavage dans l'Empire abbasside et dans l'ensemble du monde islamique.

L'héritage de la rébellion des Zanj demeure en tant que soulèvement d'esclaves majeur dans l'histoire. Elle est rappelée pour son ampleur, le défi qu'elle représenta pour le califat abbasside et les causes sous-jacentes de son déclenchement.

La rébellion eut également des répercussions culturelles. Elle influença la culture locale et les récits historiques, contribuant à l'identité historique de la région.

La rébellion des Zanj incita à des réflexions sur la nature de l'esclavage et déclencha des discussions et des débats sur les aspects moraux, sociaux et économiques de l'asservissement.

Des chercheurs et des historiens ont manifesté un grand intérêt pour la rébellion des Zanj. Elle fut l'objet de nombreuses recherches et analyses, contribuant à notre compréhension des soulèvements d'esclaves historiques.

De nos jours, la rébellion est vue sous différents angles, notamment comme un exemple de résistance et de répression. Elle offre un contexte historique pour les discussions contemporaines sur l'esclavage, la résistance et la lutte pour la liberté et les droits.

- Aboutir - To result in
- Affaiblissement - Weakening
- Asservissement - Enslavement
- Capturer - To capture
- Déclenchement - Triggering
- Démoralisant - Demoralizing
- Écraser - To crush
- Élimination - Elimination
- Épuisement - Exhaustion
- Héritage - Legacy
- Injustice - Injustice
- Insurgé - Insurgent
- Perturbation - Disruption
- Prolongé - Prolonged
- Représailles - Retaliation
- Résistance - Resistance
- Restaurer - To restore

La Conspiration des Poudres (1605)

Contexte de la Conspiration des Poudres

En 1603, le roi Jacques Ier fut couronné roi d'Angleterre, une époque marquée par de profondes tensions religieuses entre catholiques et protestants. Les catholiques en Angleterre faisaient face à une dure répression et à la persécution sous le gouvernement protestant. Ils avaient espéré que le roi Jacques Ier, dont la mère était catholique, serait plus tolérant et les traiterait mieux. Cependant, ces espoirs furent déçus, car le roi Jacques Ier continua de favoriser le protestantisme et de marginaliser la population catholique.

Au milieu de cette déception et de cette frustration, un groupe de catholiques commença à planifier un plan drastique. Le chef de ce groupe était Robert Catesby, un catholique charismatique et engagé. Catesby et ses co-conspirateurs échafaudèrent un plan audacieux pour faire exploser le Parlement pendant une session. Leur objectif était de tuer le roi Jacques Ier et de nombreux membres de son gouvernement protestant.

L'une des figures clés de ce complot était Guy Fawkes, un expert en explosifs. Fawkes avait la tâche cruciale de manipuler la poudre à canon qui devait être utilisée pour le complot. Au fil du temps, les conspirateurs réussirent à accumuler une quantité considérable de poudre à canon et à la stocker dans une cave sous le bâtiment du Parlement. Compte tenu des mesures de sécurité accrues et de la nécessité de garder le plan secret, c'était une tâche risquée et difficile.

Les conspirateurs choisirent le 5 novembre 1605 comme date pour leur complot. Cette date était significative, car c'était le jour de l'ouverture du Parlement et ils savaient que le roi Jacques Ier et de nombreuses autres personnalités importantes seraient présentes. Leur but était de déclencher une explosion massive qui tuerait le roi et de nombreux seigneurs protestants, dans l'espoir que cet acte déclencherait un soulèvement catholique dans toute l'Angleterre.

À l'approche du 5 novembre, les conspirateurs firent leurs derniers préparatifs. Ils savaient que ce qu'ils planifiaient était extrêmement dangereux et aurait des conséquences considérables. Malgré les risques, ils étaient déterminés à mener à bien leur plan, motivés par leur désir de mettre fin à la persécution des catholiques et de changer le paysage religieux de l'Angleterre. La scène était prête pour l'une des conspirations les plus célèbres de l'histoire anglaise.

- Accumuler - To accumulate
- Charismatique - Charismatic
- Conspiration - Conspiracy
- Déclencher - To trigger
- Déception - Disappointment
- Échafauder - To devise
- Engagé - Committed
- Explosifs - Explosives
- Manipuler - To handle
- Marginaliser - To marginalize
- Mesures - Measures
- Persécution - Persecution
- Préparatifs - Preparations
- Protestantisme - Protestantism
- Répression - Repression
- Risqué - Risky
- Soulèvement - Uprising

La Découverte du Complot

La Conspiration des Poudres fut découverte grâce à une lettre anonyme avertissant d'un danger imminent. Cette lettre, qui joua un rôle crucial dans la révélation du complot, fut envoyée à Lord Monteagle, un lord catholique. Lorsque Lord Monteagle lut la lettre, il alerta les autorités qui lancèrent immédiatement une enquête.

Les autorités prirent l'avertissement au sérieux et effectuèrent une fouille minutieuse du bâtiment du Parlement. Au cours de cette fouille, Guy Fawkes fut découvert alors qu'il surveillait la poudre à canon stockée dans une cave sous le bâtiment. Fawkes, qui était un membre clé du complot en raison de ses connaissances en explosifs, fut immédiatement arrêté.

Après son arrestation, Guy Fawkes fut intensivement interrogé par les hommes du roi. Au début, Fawkes refusa de donner des informations, mais il finit par avouer le complot. Il révéla le plan visant à faire exploser le Parlement et l'intention de tuer le roi Jacques Ier ainsi que d'autres figures clés du gouvernement.

Après l'aveu de Fawkes, la chasse aux autres conspirateurs commença. Les autorités tentèrent d'arrêter tous ceux qui étaient impliqués dans le complot. Certains des conspirateurs, réalisant que le complot avait été découvert, fuirent Londres pour échapper à l'arrestation.

La nouvelle de la Conspiration des Poudres provoqua un grand choc dans toute l'Angleterre. Le public fut stupéfait d'apprendre l'existence d'un plan si audacieux et dangereux contre le gouvernement et le roi. Le roi Jacques Ier lui-même réagit à cette découverte en remerciant Dieu pour sa sécurité et la prévention du complot.

À la suite de cette découverte, d'autres fouilles furent menées pour trouver les complices. Les autorités étaient déterminées à arrêter et punir tous les participants. Lors de cette chasse, Robert Catesby, le chef du complot, fut tué en résistant à son arrestation.

Les autres conspirateurs furent arrêtés et finalement jugés. Ils furent accusés de haute trahison pour leur participation au complot. Les procès attirèrent l'attention du public, car la Conspiration des Poudres menaçait le cœur du gouvernement anglais et la vie du roi. La réaction rapide et déterminée des autorités à la découverte de la Conspiration des Poudres montra à quel point de telles menaces étaient prises au sérieux dans l'Angleterre jacobine.

- Alerter - To alert
- Anonyme - Anonymous
- Arrêter - To arrest

- Aveu - Confession
- Complice - Accomplice
- Conspirateur - Conspirator
- Découverte - Discovery
- Effectuer - To carry out
- Enquête - Investigation
- Fouille - Search
- Interroger - To interrogate
- Minutieux - Thorough
- Prévention - Prevention
- Révéler - To reveal
- Surveiller - To monitor
- Trahison - Treason
- Trouver - To find

Conséquences et Héritage

Après la découverte de la Conspiration des Poudres, les conspirateurs capturés furent sévèrement punis. Ils furent exécutés pour haute trahison, un crime considéré comme l'un des plus odieux contre l'État. Les exécutions devinrent des événements publics et servirent de mise en garde pour ceux qui pourraient envisager des actions similaires contre le gouvernement.

À la suite du complot, la persécution des catholiques en Angleterre s'intensifia. Des lois plus strictes furent promulguées, marginalisant davantage les catholiques. Cette période fut marquée par une augmentation de la discrimination religieuse, et les catholiques furent soumis à une surveillance accrue et à la méfiance.

La survie du roi Jacques Ier et l'échec de la Conspiration des Poudres furent considérés par beaucoup comme une intervention divine. En conséquence, le règne de Jacques Ier fut renforcé, et le roi fut perçu comme protégé par la providence divine, ce qui renforça son statut et son autorité.

Le 5 novembre, le jour où la Conspiration des Poudres devait avoir lieu, devint un jour commémoratif annuel. On se souvenait du jour où le plan visant à faire exploser le Parlement avait été déjoué. Traditionnellement, des feux de joie étaient allumés et des effigies de Guy Fawkes, surnommé "Guy", étaient brûlées pour symboliser l'échec du complot.

La Conspiration des Poudres eut un impact culturel significatif et devint une partie du folklore anglais. Elle enflamma l'imagination du public et fut transmise de génération en génération. La survie du Parlement fut vue comme un symbole de la résilience du gouvernement anglais et de ses institutions.

La communauté catholique fut davantage marginalisée à cause du complot. Elle fut vue avec une méfiance croissante et souvent associée à tort à des activités traîtresses, ce qui conduisit à une isolation sociale et politique.

En réponse à l'attentat, les mesures de sécurité au sein et autour du Parlement furent renforcées pour empêcher des tentatives similaires à l'avenir et pour garantir la sécurité du gouvernement et du monarque.

Les débats historiques sur la Conspiration des Poudres et sa justification perdurent jusqu'à aujourd'hui. Certains la voient comme un acte désespéré d'une minorité persécutée, d'autres comme un acte terroriste impardonnable.

Guy Fawkes, l'une des figures clés du complot, est devenu une figure iconique. Son image, en particulier le masque inspiré de son visage, est utilisée dans diverses formes de littérature, d'art et de médias modernes et représente souvent la résistance contre la tyrannie.

La Conspiration des Poudres a laissé un héritage dans la littérature, inspirant des œuvres de différents genres. Elle est également abordée dans la culture moderne et les médias, montrant son influence durable sur la société.

Enfin, la Conspiration des Poudres sert souvent de leçon sur l'extrémisme et les dangers des actions radicales. Elle est un exemple historique de la manière dont des convictions et des actions extrêmes peuvent conduire à la violence et avoir des conséquences de grande portée. Le complot et ses conséquences restent pertinents pour les discussions sur la tolérance religieuse, la sécurité de l'État et les impacts de l'extrémisme sur la société.

- Accroître - To increase
- Attentat - Attack
- Autorité - Authority
- Complot - Plot
- Déjouer - To thwart
- Discrimination - Discrimination
- Effigie - Effigy
- Enflammer - To ignite
- Exécution - Execution
- Extrémisme - Extremism
- Intervention - Intervention
- Méfiance - Distrust
- Mise en garde - Warning
- Odieux - Heinous
- Providence - Providence
- Résilience - Resilience
- Traître - Traitor

Le Complot de Babington (1586)

Contexte du Complot de Babington

À la fin du XVIe siècle, l'Angleterre était gouvernée par la reine Élisabeth Ire, une monarque protestante. Cette période était marquée par de grandes différences religieuses et des tensions persistantes entre catholiques et protestants. La cousine d'Élisabeth, Marie Stuart, reine d'Écosse, était une prétendante catholique au trône d'Angleterre. La présence de Marie en Angleterre et sa foi catholique faisaient d'elle une figure centrale dans ces conflits religieux.

Marie fut emprisonnée par Élisabeth pendant 19 ans, ce qui eut un impact considérable sur la scène politique. Malgré sa captivité, Marie était considérée par de nombreux catholiques anglais comme un symbole et la légitime monarque. Son statut la rendit la cible de diverses conspirations catholiques contre le règne d'Élisabeth.

Un jeune noble catholique, Anthony Babington, fut impliqué dans un tel complot. Babington, fortement influencé par la cause catholique, planifia un attentat contre la reine Élisabeth. L'objectif de ce complot n'était pas seulement l'assassinat, mais aussi l'installation de Marie Stuart sur le trône d'Angleterre, rétablissant ainsi une monarchie catholique.

Pour coordonner le complot, des messages secrets furent échangés entre Marie et les conspirateurs. Ces communications étaient essentielles pour la planification de l'attentat et de la révolte qui devait suivre. Afin de maintenir la confidentialité et d'éviter la découverte, les lettres étaient chiffrées pour dissimuler leur véritable contenu.

Babington recruta six hommes pour exécuter l'attentat contre la reine Élisabeth. Ce groupe joua un rôle central dans la mise en œuvre du complot. Cependant, le gouvernement, et en particulier le service de renseignement d'Élisabeth, était déjà informé des possibles complots catholiques contre la reine.

Sir Francis Walsingham, le responsable des services secrets d'Élisabeth, joua un rôle clé dans la découverte du complot de

Babington. Il disposait d'un réseau d'espions chargés de surveiller et d'intercepter toute communication susceptible de représenter une menace pour la reine.

Finalement, les espions de Walsingham interceptèrent les lettres échangées entre Marie et les conspirateurs. Ces lettres interceptées furent déchiffrées et révélèrent les détails du complot. Les preuves trouvées dans les lettres déchiffrées confirmèrent les soupçons du gouvernement et conduisirent à une action décisive contre les conspirateurs.

La découverte du complot de Babington fut un moment significatif dans l'histoire anglaise, illustrant le complexe jeu de la politique, de la religion et de l'espionnage dans l'Angleterre élisabéthaine. La révélation du complot eut des conséquences de grande portée pour tous les participants, en particulier pour Marie Stuart, et approfondit encore la division religieuse de l'Angleterre.

- Assassinat - Assassination
- Captivité - Captivity
- Chiffrer - To encrypt
- Conspiration - Conspiracy
- Coordonner - To coordinate
- Découverte - Discovery
- Differences - Differences
- Divulguer - To reveal
- Emprisonner - To imprison
- Intercepter - To intercept
- Monarque - Monarch
- Révolte - Revolt
- Renseignement - Intelligence (information gathering)
- Rétablir - To restore
- Recruter - To recruit
- Surveillance - Surveillance
- Trahison - Treason

Le Déroulement du Complot

À mesure que le complot de Babington se développait, Anthony Babington communiquait par lettres les plans détaillés pour l'assassinat de la reine Élisabeth Ire. Ces lettres étaient cruciales pour la coordination des actions des conspirateurs. Marie Stuart, reine d'Écosse, qui jouait un rôle central dans le complot, approuva le plan dans ses réponses à ces lettres. Sa participation était d'une grande importance car elle offrait un prétendant potentiel au trône en cas de succès de la conspiration.

Sir Francis Walsingham, le responsable des services secrets de la reine Élisabeth Ire, avait mis en place un vaste réseau de surveillance. Ses espions surveillaient activement les activités des conspirateurs. Cette surveillance fut la clé de la découverte et de la neutralisation du complot.

Le déchiffrement des messages échangés entre Marie et les conspirateurs fut crucial pour la découverte du complot. Des experts en cryptographie travaillèrent sans relâche pour déchiffrer les lettres codées qui révélaient les plans détaillés de l'attentat et de la révolte prévue.

Au fur et à mesure que les preuves de la conspiration devenaient de plus en plus évidentes, les arrestations des conspirateurs commencèrent. Les conspirateurs, y compris Babington, furent arrêtés un à un. Babington lui-même fut capturé par les hommes de Walsingham, marquant une avancée significative dans l'interruption de la conspiration.

Walsingham et son équipe rassemblèrent des preuves pour le procès des conspirateurs. Ces preuves étaient essentielles pour prouver l'implication des accusés dans le complot. La nouvelle du complot provoqua une grande indignation dans le public. L'idée qu'il existait un plan pour assassiner la reine et renverser le gouvernement choqua profondément l'opinion publique.

Le procès des conspirateurs fut un événement de grande envergure. Ils furent accusés de haute trahison, un crime puni des peines les plus sévères. Sous la pression du procès, certains des conspirateurs avouèrent leur implication dans le complot. Ces aveux fournissaient des preuves directes de la conspiration.

Après le procès, les conspirateurs, y compris Babington, furent exécutés. Ces exécutions furent publiques et servirent d'avertissement à ceux qui pourraient envisager des activités traîtresses similaires. L'exécution des conspirateurs marqua la fin de la menace immédiate pour la reine Élisabeth Ire.

L'implication de Marie Stuart dans le complot conduisit à un débat intense sur son sort. Son approbation du complot, contenue dans ses réponses, fut considérée comme une preuve de sa complicité dans l'attentat. À la suite du complot, les mesures de sécurité autour de la reine Élisabeth Ire furent considérablement renforcées pour prévenir d'autres tentatives d'assassinat.

La communauté catholique fut soumise à une surveillance accrue et à une méfiance renforcée après le complot. Le complot de Babington eut des répercussions politiques significatives. Il souligna non seulement les tensions religieuses et politiques de l'époque, mais eut également un impact sur l'équilibre des pouvoirs et la perception de la monarchie. Le complot et sa suppression renforcèrent l'autorité de la reine Élisabeth Ire et entraînèrent une marginalisation accrue des catholiques en Angleterre.

- Accusé - Accused
- Approver - To approve
- Arrestation - Arrest
- Attentat - Assassination attempt
- Aveu - Confession
- Capturer - To capture
- Complicité - Complicity
- Conspiration - Conspiracy
- Cryptographie - Cryptography
- Déchiffrement - Decryption
- Indignation - Outrage
- Neutralisation - Neutralization
- Opération - Operation

- Preuve - Evidence
- Répercussion - Repercussion
- Révolte - Revolt
- Surveillance - Surveillance

Conséquences et Héritage

Après le complot de Babington, Marie Stuart, reine d'Écosse, dut faire face à de graves conséquences. Elle fut jugée pour sa participation au complot contre la reine Élisabeth Ire. Malgré son statut royal, elle fut reconnue coupable de haute trahison et exécutée. Ce fut un moment significatif dans l'histoire anglaise, car l'exécution d'un monarque était un événement rare.

La réussite de la neutralisation du complot et l'exécution de Marie Stuart, reine d'Écosse, renforcèrent l'autorité de la reine Élisabeth Ire. Sa position en tant que souveraine forte et sage fut consolidée aux yeux de ses sujets et du monde entier. Cet événement renforça son statut de monarque puissante, capable de faire face avec détermination aux menaces contre son règne.

Les conséquences du complot eurent un impact profond sur le catholicisme en Angleterre. Le gouvernement imposa des mesures plus strictes contre les catholiques, entraînant une persécution et une marginalisation accrues. Durant cette période, les lois contre les catholiques furent durcies, rendant plus difficile la pratique libre de leur religion.

L'exécution de Marie Stuart eut également des répercussions sur les relations internationales, notamment avec les pays catholiques d'Europe. Cela provoqua des tensions, car de nombreux pays catholiques considéraient Marie comme une monarque catholique légitime, injustement exécutée.

Le débat historique sur la légitimité du complot et l'exécution de Marie Stuart se poursuit encore aujourd'hui. Certains voient Marie comme une martyre, persécutée à tort pour sa foi et sa lignée royale, tandis que d'autres considèrent son exécution comme un acte nécessaire pour protéger le trône anglais.

L'héritage de Marie est complexe. Certains la voient comme une martyre qui est morte pour sa foi et son droit au trône. Cette perspective a contribué à faire d'elle une figure symbolique de l'histoire.

Le complot de Babington conduisit à un renforcement des techniques d'espionnage en Angleterre. La découverte réussie du complot par Sir Francis Walsingham démontra l'efficacité de l'espionnage, qui devint un outil de plus en plus important pour maintenir la sécurité nationale.

L'intrigue et son déroulement dramatique ont inspiré au fil des ans diverses œuvres d'art et de littérature. Elle est devenue une partie du patrimoine culturel anglais à travers des histoires et des représentations dans des pièces de théâtre, des romans et des films.

Chaque année, le complot de Babington est commémoré à travers des cérémonies et des récits, rappelant ce moment crucial de l'histoire anglaise.

L'intrigue souleva des questions importantes sur la succession royale, la légitimité des dirigeants et les moyens à la disposition des individus pour contester ou protéger le trône.

Elle fut également utilisée comme leçon sur les dangers de la trahison et les conséquences graves de la trahison envers la couronne.

Anthony Babington, malgré son rôle dans l'intrigue, est considéré par certains comme une figure tragique, poussée par ses convictions et ayant finalement payé le prix ultime pour elles.

Enfin, le complot de Babington sert également de réflexion sur les dangers des conflits religieux. Il illustre comment les conflits religieux peuvent mener à des actions extrêmes et avoir des conséquences durables sur l'histoire et l'identité d'une nation.

- Accuser - To accuse
- Consolider - To strengthen
- Déroulement - Progression
- Durcir - To harden

- Espionnage - Espionage
- Exécution - Execution
- Héritage - Legacy
- Illustre - Illustrates
- Intrigue - Plot
- Légitimité - Legitimacy
- Martyr - Martyr
- Neutralisation - Neutralization
- Perpétuer - To perpetuate
- Persécution - Persecution
- Rappel - Reminder
- Répercussions - Repercussions
- Souverain - Sovereign

La Conspiration des Esclaves (1749)

Contexte de la Conspiration des Esclaves

Au XVIIIe siècle, Malte était une île stratégiquement importante en Méditerranée, dominée par les chevaliers de l'Ordre de Saint-Jean. À cette époque, l'esclavage était répandu sur l'île, et les esclaves provenaient principalement d'Afrique du Nord et de l'Empire ottoman.

Les tâches des esclaves à Malte étaient variées. Beaucoup travaillaient dans des domaines exigeants comme la construction et l'aviron des galères. Les galères, en particulier, étaient essentielles à la puissance maritime des chevaliers de l'Ordre de Saint-Jean. Les esclaves jouaient un rôle crucial dans le maintien de cet aspect de la défense et de l'économie de Malte. Nombre d'entre eux étaient des pirates musulmans capturés, qui avaient attaqué des navires européens en Afrique du Nord et vendu des Européens en esclavage.

Les conditions de vie et de travail de ces esclaves étaient extrêmement dures. Ils vivaient dans des conditions de vie difficiles, travaillaient dur et étaient souvent brutalement traités. Ces mauvais traitements entraînaient une insatisfaction croissante parmi la population esclave. La dure réalité de leur vie quotidienne alimentait le désir de changement et de liberté.

Au milieu de cette insatisfaction croissante, un groupe d'esclaves commença secrètement à planifier une révolte. Ce plan n'était pas un acte spontané, mais une réaction soigneusement réfléchie à leur situation. Parmi les esclaves, des leaders émergèrent pour organiser et diriger le soulèvement prévu.

L'objectif de cette conspiration était clair : ils voulaient renverser leurs maîtres et obtenir leur liberté. Les esclaves cherchaient non seulement à échapper à leur souffrance immédiate, mais aussi à changer fondamentalement leur statut d'esclaves à celui de personnes libres.

Pour planifier le soulèvement, des réunions clandestines furent tenues. Ces réunions étaient cruciales pour la stratégie, l'organisation et le maintien du secret nécessaire à la réussite de la révolte.

Le recrutement d'autres esclaves pour la conspiration fut un processus graduel. Il s'agissait de convaincre les autres de rejoindre la cause et de risquer leur vie pour la possibilité de la liberté. Ce processus de recrutement agrandissait l'ampleur de la conspiration et en faisait une menace considérable pour l'ordre établi.

Des esclaves de diverses ethnies participèrent à la rébellion, ce qui apportait une série de défis, y compris le dépassement des barrières linguistiques. La diversité des participants reflétait également l'insatisfaction généralisée parmi la population esclave à Malte.

Une partie essentielle des préparatifs pour le soulèvement consistait à se procurer des armes et d'autres matériaux nécessaires. Ces préparatifs étaient effectués discrètement pour éviter une détection précoce par les autorités.

À mesure que les plans progressaient, l'anticipation et la tension parmi les conspirateurs augmentaient. Le risque d'être découvert était grand, et les conséquences d'un échec seraient graves.

Enfin, une date précise fut fixée pour le début de la rébellion. Cette date devait marquer le début de ce que les esclaves espéraient être un soulèvement réussi contre leurs oppresseurs, une étape significative dans leur quête de liberté et un événement important dans l'histoire de Malte.

- Clandestin - Secret
- Détection - Detection
- Ethnie - Ethnicity
- Liberté - Freedom
- Maître - Master
- Matériaux - Materials
- Navire - Ship
- Oppresseur - Oppressor
- Population - Population

- Préparatif - Preparation
- Puissance - Power
- Quête - Quest
- Rébellion - Rebellion
- Révolte - Revolt
- Stratégie - Strategy
- Traiter - To treat

La Découverte et la Répression de la Conspiration

La Conspiration des Esclaves, un complot secret pour la liberté, fut malheureusement découverte avant de pouvoir être menée à bien. La révélation du complot fut principalement due au rôle d'un informateur parmi les esclaves qui dénonça le soulèvement planifié aux autorités.

Les chevaliers de l'Ordre de Saint-Jean, qui régnaient alors sur Malte, réagirent rapidement pour réprimer la conspiration. Ils reconnurent la menace pour leur domination et la stabilité de l'île et agirent rapidement pour démanteler le complot.

Après la découverte, des arrestations massives d'esclaves eurent lieu. Tous ceux qui étaient soupçonnés d'être impliqués dans la conspiration furent arrêtés. Cela conduisit à l'emprisonnement de nombreux esclaves, indépendamment de leur participation réelle à la conspiration.

Les autorités menèrent des interrogatoires intensifs pour révéler tous les détails de la conspiration. L'objectif de ces interrogatoires était d'identifier tous les participants et de comprendre l'ampleur de la rébellion planifiée.

La révélation du complot déclencha la peur et la paranoïa parmi les propriétaires d'esclaves sur l'île. Ils prirent conscience de l'insatisfaction de leurs esclaves et du potentiel pour une révolte.

À la suite du complot, les mesures de sécurité à Malte furent renforcées. Les chevaliers augmentèrent leur vigilance pour prévenir toute tentative future de rébellion.

Des procès furent intentés contre ceux accusés de participation à la conspiration. Ces procès furent cruciaux pour le sort des accusés et constituèrent un aspect important des mesures de répression.

Les personnes reconnues coupables furent sévèrement punies, voire exécutées. Ces sanctions sévères servaient de dissuasion et visaient à empêcher de futures rébellions.

Certaines des exécutions furent publiquement réalisées. Ces exécutions publiques étaient non seulement une forme de punition, mais aussi un avertissement aux autres des conséquences d'une rébellion contre les autorités dominantes.

La répression de la conspiration eut des répercussions considérables sur la population esclave à Malte. Ce fut un événement démoralisant qui détruisit l'espoir de liberté et renforça la réalité de leur esclavage.

Après la conspiration, les règlements concernant l'esclavage à Malte furent durcis. Des règles plus strictes et des conditions plus dures furent imposées aux esclaves pour prévenir de futures conspirations.

La surveillance des activités des esclaves fut intensifiée. Les autorités cherchaient à surveiller de près les esclaves pour détecter rapidement tout signe de mécontentement ou de rébellion.

Les détails de la Conspiration des Esclaves furent documentés dans des archives historiques. Ces archives offrent un aperçu des événements de la conspiration, de la réaction des autorités et du contexte général de l'esclavage à Malte au XVIIIe siècle. Bien que la conspiration n'ait pas réussi, elle reste un événement significatif dans l'histoire de Malte et témoigne du désir humain constant de liberté et de résistance contre l'oppression.

- Arrestation - Arrest
- Complot - Plot
- Dénoncer - Denounce
- Démanteler - Dismantle

- Dissuasion - Deterrence
- Emprisonnement - Imprisonment
- Événement - Event
- Interrogatoire - Interrogation
- Menacer - Threaten
- Mesure - Measure
- Punir - Punish
- Réprimer - Suppress
- Sanction - Penalty
- Soupçonner - Suspect
- Souveraineté - Sovereignty
- Trahison - Betrayal
- Vaincre - Overcome

Conséquences et Héritage

La Conspiration des Esclaves de 1749, un événement marquant de l'histoire maltaise, a laissé une empreinte durable sur le paysage culturel et historique de l'île. Bien que le soulèvement ait finalement été réprimé, son impact a largement dépassé ses conséquences immédiates.

Dans les années qui ont suivi la conspiration, la prise de conscience de la problématique de l'esclavage à Malte s'est intensifiée. La dure réalité et les luttes que les esclaves devaient endurer ont été davantage reconnues. Cela a conduit à des discussions et des réflexions sur la nature de l'esclavage et les conditions de vie des esclaves.

La conspiration elle-même est devenue un élément central de la mémoire culturelle de Malte. Elle est devenue un symbole de résistance contre l'oppression et représente un moment décisif dans le passé de l'île. Cet événement est aujourd'hui reconnu comme un chapitre important de l'histoire maltaise, particulièrement dans le contexte de l'esclavage et de la résistance.

Le soulèvement avorté a également conduit à des changements dans le traitement des esclaves. Bien que la réaction immédiate ait été une répression accrue et un contrôle plus strict, il y a eu avec le temps un changement progressif des attitudes et des politiques envers l'esclavage. Ce changement a été en partie influencé par la prise de conscience accrue et les questions morales soulevées par le soulèvement.

À Malte, la Conspiration des Esclaves est commémorée de différentes manières. Elle sert de rappel de l'histoire complexe de l'île et du combat continu des gens pour la liberté et la dignité. Dans les matériaux éducatifs sur l'histoire maltaise, cet événement est souvent mentionné pour souligner son importance et les leçons à en tirer.

Aujourd'hui, la conspiration est vue comme un mouvement anti-esclavagiste significatif. Elle témoigne de l'inflexibilité et du courage de ceux qui ont osé se dresser contre leurs oppresseurs malgré d'énormes obstacles.

L'événement a également influencé l'art et la littérature, inspirant des œuvres qui reflètent des thèmes tels que la résistance, la lutte et la quête de la liberté. Des artistes et des écrivains se sont appuyés sur l'histoire de la conspiration pour aborder des sujets plus généraux comme les droits de l'homme, la dignité humaine et la lutte contre l'oppression.

En somme, la Conspiration des Esclaves reste une réflexion poignante sur l'histoire de Malte. Elle incarne la complexité des droits de l'homme, la lutte pour la liberté et la résilience de l'esprit humain face à l'adversité.

- Avorté - Failed
- Commémorer - Commemorate
- Conditions - Conditions
- Conscience - Awareness
- Conséquence - Consequence
- Courage - Courage
- Culturel - Cultural
- Dur - Harsh
- Empreinte - Imprint

- Héritage - Legacy
- Inflexibilité - Inflexibility
- Matériaux - Materials
- Mémoire - Memory
- Morale - Moral
- Réprimer - Suppress
- Soulèvement - Uprising
- Symboliser - Symbolize

La Conspiration de Newburgh (1783)

Contexte de la Conspiration de Newburgh

Pendant la Guerre d'indépendance des États-Unis, un conflit majeur entre les colonies américaines et la Grande-Bretagne, l'armée continentale est devenue la principale force de combat des colonies. Au fur et à mesure de la progression de la guerre, le Congrès continental, qui gouvernait les colonies, a rencontré de plus en plus de difficultés financières et a eu du mal à payer les salaires et les pensions de l'armée. Cette situation a entraîné une insatisfaction croissante parmi les soldats, frustrés par leurs salaires impayés et leurs pensions incertaines.

L'incertitude quant au sort des soldats après la guerre a aggravé leurs inquiétudes. De nombreux soldats et officiers de l'armée continentale étaient préoccupés par leur avenir une fois le conflit terminé. Les officiers en particulier s'inquiétaient de la compensation pour leur service et de la reconnaissance de leurs sacrifices.

Au milieu de ces tensions, les officiers ont commencé à discuter de la manière de réagir à leurs griefs. Cela a conduit à la formation de ce qu'on a appelé la Conspiration de Newburgh. Des lettres anonymes ont commencé à circuler, appelant à des protestations et à des actions contre la négligence perçue. Ces lettres appelaient à une réunion pour discuter des problèmes de l'armée et envisager des solutions possibles.

Le général Horatio Gates, un officier supérieur de l'armée continentale, a d'abord été impliqué dans la conspiration, ce qui lui a donné une certaine légitimité et a accru son prestige parmi les officiers. Certains craignaient qu'une révolte ne se produise en raison de l'insatisfaction généralisée et du mécontentement à l'égard du Congrès, qui ne se souciait pas des problèmes de l'armée.

Le général George Washington, commandant en chef de l'armée continentale, se trouvait dans une situation délicate. Il était conscient de l'opposition croissante contre le Congrès dans ses rangs et connaissait les discussions sur une possible prise de pouvoir militaire, qui menaçait les principes mêmes pour lesquels la guerre était menée.

La situation représentait un moment critique dans la Guerre d'indépendance des États-Unis. Il ne s'agissait pas seulement d'une crise militaire, mais aussi d'une épreuve pour l'engagement de la jeune nation envers les principes démocratiques et le contrôle civil sur l'armée. La possibilité d'un coup d'État constituait une menace sérieuse pour les fondements du combat américain pour l'indépendance et l'autonomie. La résolution de cette crise devait se révéler un moment décisif dans l'histoire des États-Unis.

- Agravé - Worsened
- Appréhender - Apprehend
- Conflit - Conflict
- Décisif - Decisive
- Épreuve - Test
- Grief - Grievance
- Incertitude - Uncertainty
- Insatisfaction - Dissatisfaction
- Mécontentement - Discontent
- Négligence - Neglect
- Perçu - Perceived
- Revendiquer - Claim
- Soulèvement - Uprising
- Soutenir - Support
- Surmonter - Overcome
- Tension - Strain
- Traiter - Handle

La crise et sa résolution

Au milieu des troubles croissants au sein de l'armée continentale, une importante assemblée d'officiers fut convoquée à Newburgh, dans l'État de New York. Cette réunion était d'une importance capitale, car elle devait aborder l'insatisfaction généralisée et les plaintes des officiers.

À la surprise générale, le général George Washington, commandant en chef de l'armée continentale, décida de participer à la réunion. Sa présence, initialement inattendue, marqua un tournant dans cette crise naissante. Conscient de la gravité de la situation, Washington se prépara à s'adresser directement à ses officiers.

Dans son discours, Washington appela les officiers à rester patients et loyaux. Il reconnut leurs griefs, mais insista sur l'importance de maintenir les idéaux pour lesquels ils avaient combattu. Ses paroles visaient à éveiller leur sens du devoir et de l'honneur.

L'impact du discours de Washington fut profond. Ses paroles sincères et sa compassion évidente pour leur situation contribuèrent à apaiser les tensions. Lors de la réunion, Washington lut également une lettre exprimant sa compréhension et sa sympathie pour la difficile situation de ses officiers.

L'appel émotionnel de Washington à leur honneur et à leur patriotisme toucha de nombreux officiers. Il leur rappela la cause supérieure et les principes de la révolution, les exhortant à dépasser leurs frustrations immédiates.

Cet appel conduisit à un changement notable d'attitude parmi les officiers. Ils furent émus par la position et l'engagement de Washington pour la cause. Ses paroles leur rappelèrent les valeurs pour lesquelles ils se battaient et l'importance de leur mission.

Finalement, les officiers réunis à Newburgh rejetèrent l'idée d'un coup d'État. La menace d'une prise de pouvoir militaire fut écartée, préservant ainsi l'intégrité de l'armée et sa loyauté envers la nation naissante.

La crise de Newburgh poussa le Congrès à agir. Conscient de la gravité de la situation, le Congrès commença à traiter certaines des plaintes de l'armée, bien que la réponse ne fût ni immédiate ni complète.

Progressivement, la stabilité revint au sein de l'armée continentale. Les officiers, apaisés et recentrés grâce à l'intervention de Washington, réaffirmèrent leur loyauté envers la cause et le Congrès malgré leurs frustrations persistantes.

La prévention d'une mutinerie ou d'un coup d'État militaire fut une réalisation significative. Elle conserva l'engagement de l'armée envers le contrôle civil et les principes démocratiques au cœur de la Révolution américaine.

Le leadership de Washington durant cette phase critique fut largement salué. Sa capacité à gérer la crise et son intervention déterminée furent considérées comme des facteurs clés pour maintenir la cohésion et la loyauté de l'armée.

La Conspiration de Newburgh et sa résolution soulignèrent l'engagement de l'armée envers le contrôle civil et établirent un précédent crucial pour l'avenir des États-Unis. Elles affirmèrent le principe de la subordination de l'armée au gouvernement civil, un concept fondamental de la démocratie et de la gouvernance américaine. Les événements de Newburgh eurent ainsi des conséquences de grande envergure et influencèrent les relations civiles-militaires futures aux États-Unis.

- Aborder - Address
- Apaiser - Soothe
- Assemblée - Assembly
- Compassion - Compassion
- Convoquer - Convene
- Discours - Speech
- Écarter - Dismiss
- Exhorter - Urge
- Frustration - Frustration
- Gravité - Seriousness
- Idéal - Ideal
- Loyauté - Loyalty
- Mutinerie - Mutiny
- Plaintes - Complaints

- Prévenir - Prevent
- Réaffirmer - Reaffirm
- Résolution - Resolution

La Conspiration Cadoudal-Pichegru (1804)

Introduction à la conspiration

Au début du 19ème siècle, la France était en pleine transformation. Cette période était marquée par les répercussions de la Révolution française, durant laquelle la monarchie traditionnelle avait été renversée et de nouvelles formes de gouvernance expérimentées. Dans ce contexte turbulent, Napoléon Bonaparte était devenu une figure puissante. Il n'était pas seulement un génie militaire, mais aussi le dirigeant de la France, respecté et craint.

L'ascension de Napoléon au pouvoir n'était toutefois pas accueillie favorablement par tous. Un groupe, les royalistes, aspirait au retour de la monarchie. Ils étaient nostalgiques et rejetaient les changements radicaux survenus en France. Selon eux, la nation devait être gouvernée par un roi ou une reine, comme cela avait été le cas pendant des siècles.

Parmi ceux qui étaient mécontents du règne de Napoléon se trouvaient Georges Cadoudal et le général Pichegru. Ces hommes devinrent les principaux conspirateurs d'un plan audacieux visant le cœur du nouveau gouvernement français. Leur plan était dangereux : un attentat contre Napoléon Bonaparte. Ce n'était pas une tâche facile, car Napoléon était non seulement bien protégé, mais aussi très populaire parmi de nombreux Français.

Le but du complot dépassait la simple élimination de Napoléon ; il devait être un catalyseur pour un changement plus vaste. Les conspirateurs espéraient qu'en éliminant Napoléon, ils ouvriraient la voie à la restauration de la monarchie. Ce complot reflétait le climat politique instable en France. Le pays était divisé, et les visions de son avenir étaient très divergentes.

L'opinion publique sur Napoléon était partagée. Alors que certains admiraient ses qualités de leader et ses succès militaires, d'autres méprisaient son régime autoritaire. Cette division rendait l'environnement politique propice à une conspiration. Les royalistes, en particulier, croyaient que l'avenir de la France se trouvait dans son passé et qu'un retour à la monarchie était imminent.

Le plan d'assassinat de Napoléon nécessitait des réunions secrètes et une planification minutieuse. Celles-ci devaient se dérouler discrètement, car la découverte du complot aurait signifié la mort pour les conspirateurs. Ils étaient conscients de l'ampleur du défi qui les attendait. Napoléon n'était pas seulement un leader compétent, mais aussi très bien protégé. Le complot exigeait une préparation méticuleuse et une discrétion absolue.

Le gouvernement français sous Napoléon était conscient des menaces. La méfiance était omniprésente, et les forces de sécurité de Napoléon étaient toujours en alerte maximale pour prévenir tout attentat. Cela augmentait le risque pour les conspirateurs.

En résumé, la Conspiration Cadoudal-Pichegru fut un événement majeur de l'histoire française. Elle illustrait la profonde division du pays et montrait jusqu'où certains étaient prêts à aller pour leurs convictions politiques. Le complot contre Napoléon était une manœuvre audacieuse des royalistes qui aspiraient à un retour à la monarchie, et soulignait la volatilité de la politique française de l'époque.

- Aspiration - Aspiration
- Audacieux - Bold
- Catalyseur - Catalyst
- Conspirateur - Conspirator
- Dépasser - Exceed
- Dirigeant - Leader
- Élimination - Elimination
- Gouvernance - Governance
- Mécontent - Dissatisfied
- Méticuleux - Meticulous
- Nostalgique - Nostalgic
- Opportunité - Opportunity
- Préparation - Preparation
- Prévenir - Prevent

- Protéger - Protect
- Répercussion - Repercussion
- Volatilité - Volatility

La conspiration en détail

Au début du 19ème siècle, la France était dirigée par Napoléon Bonaparte, un leader puissant et influent. Cependant, tout le monde n'était pas satisfait de son règne. Cela a conduit à la conspiration secrète de Cadoudal-Pichegru, visant à assassiner Napoléon.

Les chefs de cette conspiration étaient Georges Cadoudal et le général Pichegru. Ces deux hommes étaient à la tête de la planification et de l'organisation du complot. Ils étaient étroitement liés au mouvement royaliste, qui souhaitait restaurer la monarchie en France. Pour mettre en œuvre leur plan, Cadoudal et Pichegru avaient besoin de soutien. Ils recrutèrent secrètement des partisans qui croyaient également en la cause royaliste et étaient prêts à prendre de grands risques pour rétablir la monarchie.

La planification de l'attentat était détaillée et complexe. Les conspirateurs devaient réfléchir à la manière et au moment de s'approcher de Napoléon. Ils savaient qu'ils devaient être très prudents pour garder leur plan secret. S'ils étaient découverts par le gouvernement, ils couraient tous un grand danger. La discrétion était essentielle pour réussir.

Pour exécuter l'attentat, ils avaient besoin d'armes. Celles-ci furent préparées en secret pour éviter toute découverte. Ils devaient également trouver des lieux de réunion sûrs, discrets et fréquemment changés.

La communication entre les conspirateurs était un défi. Ils utilisaient des messages chiffrés pour rester discrets. Le risque d'être découverts par les espions de Napoléon était élevé. Les conspirateurs savaient que s'ils étaient arrêtés, ils seraient probablement exécutés. Pourtant, leur forte croyance en la cause royaliste les motivait.

Le complot était soutenu par des Français mécontents du règne de Napoléon. Cependant, il était difficile d'accéder à Napoléon, car il était toujours bien protégé. Les conspirateurs devaient être très prudents et astucieux dans leur planification.

Le timing était également crucial. Ils devaient trouver le moment opportun pour mettre leur plan à exécution. Il y avait toujours le risque de trahison au sein du groupe. Une trahison aurait fait échouer le plan et mis tout le monde en danger.

Bien que ce complot n'ait pas réussi, il eut de grandes répercussions en France. Il a exacerbé les tensions dans le pays et montré à quel point les opinions sur le règne de Napoléon étaient divisées. La conspiration Cadoudal-Pichegru est une partie importante de l'histoire française, car elle illustre jusqu'où les gens étaient prêts à aller pour leurs convictions politiques.

- Astucieux - Clever
- Attentat - Assassination attempt
- Chiffré - Encrypted
- Complot - Plot
- Conspirateur - Conspirator
- Courageux - Courageous
- Dévoiler - Unveil
- Discrétion - Discretion
- Exécuter - Execute
- Mécontent - Dissatisfied
- Monarchie - Monarchy
- Planification - Planning
- Prudent - Cautious
- Répercussions - Repercussions
- Risques - Risks
- Soutien - Support
- Trahison - Betrayal

Répercussions et signification

Le complot visant à assassiner Napoléon, connu sous le nom de conspiration Cadoudal-Pichegru, fut un événement majeur de l'histoire française. Finalement, le gouvernement de Napoléon découvrit ce plan secret. Après la découverte du complot, le gouvernement réagit rapidement.

Les principaux conspirateurs, dont Georges Cadoudal et le général Pichegru, furent arrêtés. Ces arrestations étaient importantes, car ces hommes étaient des figures de proue du mouvement royaliste. Après leur arrestation, ils furent traduits en justice. Les procès furent des événements significatifs, illustrant la réponse du gouvernement au complot.

Pendant les procès, la gravité de la conspiration devint évidente pour tous les impliqués. En conséquence, certains conspirateurs furent exécutés, tandis que d'autres furent emprisonnés. Les exécutions et les emprisonnements envoyèrent un message clair de la part du gouvernement de Napoléon : les complots contre le chef de l'État ne seraient pas tolérés.

En réaction au complot, Napoléon renforça ses mesures de sécurité. Conscient des menaces contre sa vie, il devint encore plus prudent. Les mesures de sécurité accrues rendirent plus difficile toute tentative d'attentat contre lui.

L'opinion publique concernant le complot était divisée. Certains rejetèrent l'idée de tuer Napoléon, tandis que d'autres approuvèrent le complot en raison de leur opposition à son règne. Ces divergences d'opinion reflétaient les attitudes variées des Français envers leur leader.

L'échec du complot et la punition des conspirateurs démoralisèrent les partisans de la monarchie. La défaite et la perte de leurs leaders principaux compliquèrent leurs efforts pour restaurer la monarchie.

Après le complot, Napoléon devint plus prudent dans sa gouvernance, conscient de l'existence de ses ennemis. Cette prudence influença son style de gouvernement.

La signification historique de la conspiration réside dans le fait qu'elle mit en lumière l'opposition à Napoléon. Tous en France ne le soutenaient pas, et certains étaient prêts à prendre des mesures extrêmes contre lui.

Napoléon répondit au complot en durcissant les lois pour se protéger lui-même et son gouvernement contre d'autres conspirations. Ces nouvelles lois témoignaient également de la peur du gouvernement face à de futurs complots.

Le complot effraya le gouvernement, car il montra que, si un groupe de personnes pouvait planifier un attentat contre Napoléon, d'autres pourraient réussir. Cette peur influença les actions et décisions du gouvernement.

Le mouvement royaliste fut affaibli par l'échec du complot. Sans leurs leaders et face à l'échec de leur plan, il leur devint plus difficile de lutter pour le retour de la monarchie.

Napoléon utilisa le complot pour renforcer sa position. Il argua qu'il était menacé et qu'il avait besoin de plus de pouvoir pour se protéger et protéger le pays. Cela l'aida à accroître encore son pouvoir.

Cependant, la conspiration Cadoudal-Pichegru ne fut pas le dernier complot contre Napoléon. D'autres conspirations montrèrent que la résistance à son règne persistait.

L'héritage du complot est qu'il reste un événement marquant dans l'histoire française. Il est un exemple de la détermination des gens à défendre leurs convictions politiques et de l'impact qu'il eut sur l'histoire de la France.

- Arrestation - Arrest
- Attentat - Attack
- Comploter - To plot
- Défendre - To defend
- Divisé - Divided
- Emprisonnement - Imprisonment
- Événement - Event

- Exécution - Execution
- Gravité - Seriousness
- Influence - Influence
- Justice - Justice
- Mesure - Measure
- Opposition - Opposition
- Précaution - Precaution
- Punition - Punishment
- Renforcer - Strengthen
- Signification - Significance

L'Insurrection des Décembristes (1825)

Contexte de l'Insurrection des Décembristes

En 1825, un événement significatif se produisit en Russie, connu sous le nom de l'Insurrection des Décembristes. À cette époque, la Russie était dirigée par le tsar Nicolas Ier. Son accession au trône après la mort de son frère, le tsar Alexandre Ier, entraîna une grande incertitude dans le pays.

La société russe était alors marquée par de fortes disparités entre les riches et les pauvres. Tandis que les riches menaient une vie luxueuse, les pauvres avaient peu et luttaient souvent pour survivre. De nombreux officiers de l'armée, qui étaient instruits et avaient vu diverses parties du monde, aspiraient à des changements. Ils étaient influencés par les idées de liberté et de démocratie venues d'Europe.

Ces officiers faisaient partie de sociétés secrètes mécontentes du gouvernement et cherchant à provoquer des changements. Le système de gouvernement de l'époque était une monarchie absolue, où le tsar exerçait un contrôle total sur le pays et où aucune forme de démocratie n'existait.

Le mécontentement au sein de la population était grand. De nombreux Russes désapprouvaient la manière dont le pays était gouverné. Ils n'avaient aucun droit de regard sur le gouvernement et beaucoup vivaient dans des conditions difficiles. L'objectif de l'Insurrection des Décembristes était de rendre la Russie plus démocratique et de donner aux gens plus d'influence sur la gouvernance.

La planification de l'insurrection se fit en secret. Les leaders de cette révolte étaient plusieurs officiers de l'armée. Ils devaient être très prudents, car une découverte par le gouvernement aurait été extrêmement dangereuse. Ces officiers s'inspiraient d'autres révolutions européennes, comme la Révolution française, où les gens avaient lutté pour leurs droits et pour plus de participation au gouvernement.

Participer à cette insurrection était toutefois très risqué. Les conspirateurs savaient qu'ils mettaient leur vie en jeu. En cas de découverte, ils risquaient l'exécution ou la déportation dans des lieux reculés comme la Sibérie. Malgré ces risques, ils étaient fermement convaincus de leur cause et voulaient apporter un changement dans leur pays.

L'Insurrection des Décembristes est une part importante de l'histoire russe. Elle montre comment certains Russes étaient prêts à se battre pour la démocratie et le changement, même au péril de leur vie. Cette insurrection fut l'une des premières tentatives en Russie de se soulever contre le tsar et la monarchie absolue.

- Accession - Accession
- Aspiration - Aspiration
- Comploteur - Plotter
- Démocratie - Democracy
- Déportation - Deportation
- Disparité - Disparity
- Gouvernance - Governance
- Incertitude - Uncertainty
- Influence - Influence
- Insurrection - Uprising
- Instruits - Educated
- Luxueux - Luxurious
- Mécontentement - Dissatisfaction
- Monarchie - Monarchy
- Participation - Participation
- Prudent - Cautious
- Révolte - Revolt

L'Insurrection et sa répression

Le 14 décembre 1825, un événement significatif se produisit en Russie, connu sous le nom de l'Insurrection des Décembristes. Celle-ci eut lieu à Saint-Pétersbourg, alors capitale de la Russie.

L'insurrection commença lorsque des officiers mécontents du gouvernement rassemblèrent leurs troupes. Ces officiers et soldats avaient une revendication majeure : ils voulaient une constitution pour la Russie. Ils étaient convaincus qu'une constitution donnerait plus de droits et de pouvoir au peuple.

Le tsar Nicolas Ier, souverain de la Russie, réagit fermement à l'insurrection. Il décida de réprimer rapidement le soulèvement pour l'empêcher de prendre de l'ampleur. Il ordonna à ses troupes loyales d'affronter les insurgés. Ces troupes étaient composées de soldats qui restaient fidèles au tsar.

Environ 3 000 officiers et soldats participèrent à la révolte. Ils étaient déterminés à lutter pour des changements, mais faisaient face à un gouvernement puissant. Cela mena à des affrontements violents dans les rues de Saint-Pétersbourg entre les insurgés et les troupes du tsar.

L'insurrection fut rapidement réprimée. Les forces gouvernementales étaient plus fortes et mieux organisées. De nombreux insurgés furent arrêtés pour mettre fin au soulèvement et punir les participants.

Durant l'insurrection, il y eut des pertes humaines. Ces pertes furent une conséquence tragique des combats. L'insurrection provoqua une grande peur au sein du gouvernement. Il craignait que le soulèvement ne s'étende et que davantage de personnes ne rejoignent les rebelles.

Après l'insurrection, le gouvernement prit des mesures pour reprendre et sécuriser le contrôle afin d'éviter que de tels événements ne se reproduisent. L'une de ces mesures fut le renforcement de la censure pour contrôler quelles informations parvenaient au public.

L'insurrection des Décembristes eut également des répercussions significatives sur l'armée. Le gouvernement commença à surveiller de plus près l'armée pour s'assurer que les soldats restaient fidèles au tsar.

La répression de l'Insurrection des Décembristes fut un événement décisif dans l'histoire russe. Elle montra que le gouvernement ne tolérerait pas les attaques contre son pouvoir et souligna les risques que les gens étaient prêts à prendre pour provoquer des changements dans leur pays. L'insurrection et sa répression influencèrent grandement les relations entre le gouvernement et le peuple en Russie.

- Affrontement - Clash
- Ampleur - Scale
- Capitale - Capital
- Censure - Censorship
- Combattre - To fight
- Conséquence - Consequence
- Constitution - Constitution
- Décisif - Decisive
- Insurgé - Insurgent
- Lutter - To struggle
- Mécontent - Dissatisfied
- Mesure - Measure
- Perte - Loss
- Punir - To punish
- Réclamer - To demand
- Réprimer - To suppress
- Soulèvement - Uprising

Répercussions et héritage

Après la répression de l'Insurrection des Décembristes, les conséquences pour les participants furent sévères. De nombreux insurgés furent traduits en justice, ce qui illustra la réaction du gouvernement à l'égard du soulèvement. Ces accusés s'étaient élevés contre le tsar Nicolas Ier et avaient exigé des changements.

Les peines pour les insurgés furent dures. Certains furent exécutés, ce qui signifiait qu'ils furent tués en guise de punition. D'autres furent exilés en Sibérie, une région froide et reculée de la

Russie. L'exil en Sibérie équivalait à un éloignement de tout ce qui leur était familier et de leurs proches.

L'insurrection provoqua chez le tsar Nicolas Ier une attitude plus conservatrice. Il voulait éviter les changements et craignait de nouveaux soulèvements, ce qui conduisit à un contrôle plus strict du pays. Cela eut pour conséquence que les gens jouirent de moins de libertés qu'auparavant.

Le gouvernement craignait de nouveaux soulèvements et adopta donc une gouvernance prudente et parfois sévère. Il voulait éviter la répétition d'un événement similaire à l'Insurrection des Décembristes.

L'Insurrection des Décembristes fut la première révolte politique significative en Russie et démontra la volonté des gens de se dresser contre le tsar. Cette révolte est considérée comme un combat courageux pour la liberté, bien que les participants aient su qu'ils risquaient de ne pas l'emporter.

Cette insurrection inspira les générations suivantes de révolutionnaires, qui aspiraient également à des changements en Russie. Ils virent dans l'Insurrection des Décembristes un modèle à suivre.

L'insurrection mit en lumière les problèmes du gouvernement russe et montra l'insatisfaction de nombreuses personnes qui désiraient des changements. Cette critique suscita des réflexions sur les améliorations possibles pour le pays.

Cependant, l'insurrection retarda également les réformes politiques en Russie, car le gouvernement devint de plus en plus strict et ne voulut pas permettre de changements. Ce retard fit que la Russie mit plus de temps à devenir démocratique.

L'Insurrection des Décembristes devint un symbole de résistance. Elle représentait la lutte contre le tsar, ainsi que pour la liberté et le changement.

Les répercussions culturelles de l'insurrection furent également considérables. Elle influença la littérature et l'art russes, en servant d'inspiration aux écrivains et aux artistes.

Au sein de la société russe, les opinions sur l'insurrection étaient partagées. Certains la soutenaient, d'autres la rejetaient, ce qui reflétait les différentes attitudes envers le changement et le tsar.

L'insurrection attira l'attention internationale et montra qu'il existait de sérieux problèmes en Russie et que certains aspiraient à un changement de gouvernement.

L'héritage de l'Insurrection des Décembristes perdure jusqu'à aujourd'hui. Elle constitue une part importante de l'histoire russe et rappelle le combat pour la liberté et la démocratie. L'insurrection témoigne du courage de ceux qui étaient prêts à défendre leurs convictions, même au péril de leur vie.

- Accusé - Accused
- Attitude - Attitude
- Combattre - To fight
- Conséquence - Consequence
- Critique - Criticism
- Dresser - To stand up
- Éloignement - Distance
- Exécuter - To execute
- Exiger - To demand
- Exil - Exile
- Héritage - Legacy
- Illustrer - To illustrate
- Insurrection - Uprising
- Liberté - Freedom
- Peine - Penalty
- Prudent - Cautious
- Soulèvement - Uprising

La Eureka Stockade (1854)

Contexte de la Eureka Stockade

En 1854, un événement significatif se produisit à Ballarat, en Australie, connu sous le nom de la Eureka Stockade. Cette période de l'histoire australienne était marquée par la célèbre ruée vers l'or. De nombreuses personnes provenant de différentes parties du monde arrivèrent en Australie, espérant devenir riches rapidement grâce à l'exploitation de l'or.

Ceux qui cherchaient de l'or étaient appelés des mineurs. Ils passaient leurs journées dans les mines à la recherche de ce précieux métal. Le gouvernement, alors contrôlé par les autorités britanniques, exigeait que tous les mineurs achètent une licence d'exploitation minière. Cette licence était une autorisation nécessaire que les mineurs devaient posséder.

Beaucoup de mineurs considéraient ce système de licences comme injuste. Ils croyaient que le gouvernement cherchait à les exploiter. Les coûts des licences étaient élevés et de nombreux mineurs avaient du mal à les payer. Cela ajoutait à leur frustration, car ils travaillaient déjà dans des conditions difficiles.

Les conditions de vie des mineurs à Ballarat étaient médiocres. Ils vivaient dans des tentes ou des huttes rudimentaires et menaient une vie dure et inconfortable. Le mécontentement parmi les mineurs grandissait, car ils se sentaient maltraités et ignorés par le gouvernement.

Les mineurs demandaient un traitement plus équitable de la part du gouvernement, en particulier concernant les licences coûteuses et obligatoires. Ils commencèrent à se réunir pour discuter de leurs problèmes et des solutions possibles. Certains mineurs émergèrent comme leaders du groupe et organisèrent les autres.

Avec le temps, les tensions entre les mineurs et les autorités augmentèrent. Les mineurs étaient de plus en plus en colère contre le gouvernement en raison de ce qu'ils percevaient comme un traitement injuste. Cette situation ne pouvait pas durer éternellement et quelque chose devait être fait.

Finalement, les mineurs prirent une décision importante. Ils décidèrent de se révolter contre les autorités et de ne plus accepter le traitement injuste. Cette décision de se rebeller fut un tournant crucial. Elle montrait qu'ils étaient prêts à se battre pour leurs droits. C'était le début des événements qui allaient entrer dans l'histoire sous le nom de la Eureka Stockade.

* Autorisation - Authorization
* Conflit - Conflict
* Condition - Condition
* Décision - Decision
* Équitable - Fair
* Exploitation - Exploitation
* Frustration - Frustration
* Injuste - Unfair
* Licence - License
* Mécontentement - Dissatisfaction
* Mineur - Miner
* Précaire - Precarious
* Précieux - Precious
* Rassemblement - Gathering
* Révolter - Revolt
* Rudimentaire - Basic
* Tension - Tension

La rébellion et le conflit

La Eureka Stockade fut un événement majeur dans l'histoire de Ballarat, en Australie, en 1854. Elle commença par une rébellion des mineurs contre le traitement injuste et le système de licences imposé par le gouvernement. Frustrés et désireux de changement, les mineurs prirent une décision audacieuse.

Ils érigèrent un fort en bois, connu sous le nom de la Eureka Stockade. Ce fort symbolisait leur résistance contre les autorités. À l'intérieur de ce fort, les mineurs se préparaient à lutter pour leurs droits. Ils se rassemblèrent dans le fort, prêts à défendre leurs convictions.

Le gouvernement réagit à cet acte de rébellion en envoyant des policiers et des soldats à Ballarat. Les autorités étaient déterminées à stopper les mineurs et à maintenir le contrôle. Cela créa une situation tendue où les deux camps étaient prêts à la confrontation.

La principale confrontation eut lieu le 3 décembre 1854. Ce fut une bataille entre les mineurs retranchés dans la Eureka Stockade et les troupes gouvernementales. Le combat fut violent et bref, soulignant l'intensité des émotions des deux côtés.

Au cours de ce conflit, il y eut de nombreuses victimes. Des morts et des blessés furent déplorés de part et d'autre, ce qui soulignait la gravité de la rébellion. La violence de la bataille choqua beaucoup de gens et eut des répercussions significatives sur la communauté.

Après la bataille, de nombreux mineurs furent arrêtés. Ces arrestations faisaient partie des efforts du gouvernement pour reprendre le contrôle et punir ceux qui avaient participé à la rébellion. Le public réagit avec consternation à la bataille et aux arrestations. Beaucoup furent surpris par l'ampleur de la violence.

Malgré les mesures du gouvernement, la cause des mineurs trouva des soutiens. Certains membres de la communauté et d'autres régions d'Australie sympathisèrent avec les mineurs et considéraient leur lutte comme justifiée. Ils voyaient les mineurs comme des défenseurs de leurs droits et des combattants contre un système injuste.

Le gouvernement fut critiqué pour ses actions. Certains pensaient que les autorités avaient agi de manière trop sévère et que le conflit aurait pu être évité. Cette critique se refléta également dans les reportages médiatiques.

La Eureka Stockade attira également l'attention internationale. D'autres pays apprirent l'existence de la rébellion et des problèmes des mineurs, ce qui soulignait le combat pour les droits et la justice en Australie à cette époque.

Après la bataille, l'insurrection de la Eureka Stockade fut rapidement réprimée. Les troupes gouvernementales écrasèrent la révolte des mineurs, mais les répercussions de cet événement se firent sentir longtemps après. La Eureka Stockade devint un symbole de la lutte pour les droits et la justice, non seulement à Ballarat, mais dans toute l'Australie et au-delà.

- Audacieux - Bold
- Bataille - Battle
- Blessé - Injured
- Combattant - Fighter
- Confrontation - Confrontation
- Consternation - Dismay
- Conviction - Conviction
- Défendre - Defend
- Érigé - Erected
- Gravité - Seriousness
- Insurrection - Uprising
- Licences - Licenses
- Rébellion - Rebellion
- Répercussion - Repercussion
- Retraité - Retired
- Soutenir - Support
- Victime - Victim

Répercussions et héritage

Après la Eureka Stockade, les mineurs qui avaient participé à la rébellion durent faire face à de graves conséquences. Ils furent traduits en justice pour leur participation à l'insurrection. Ces procès furent suivis de près par le public, et beaucoup de gens soutenaient les mineurs. Ils croyaient que les mineurs avaient lutté pour une cause juste.

Les procès aboutirent à un résultat surprenant. La plupart des mineurs furent acquittés. Ce verdict montrait la compassion pour leur situation et les problèmes contre lesquels ils s'étaient battus. Ce fut un moment significatif qui soulignait le soutien du public à la cause des mineurs.

À la suite de ces événements, le gouvernement apporta des modifications importantes aux lois sur l'exploitation minière. L'une des principales modifications fut l'abolition du coûteux système de licences, qui avait été une des principales sources de frustration et de colère des mineurs. Ce changement fut une conséquence directe de l'insurrection des mineurs et de leur lutte pour un traitement plus équitable.

Les répercussions politiques de la Eureka Stockade furent significatives. Elle joua un rôle majeur dans la formation de la politique australienne et contribua au développement de l'Australie vers la démocratie. L'insurrection montra que les voix du peuple pouvaient conduire à des changements et que la lutte pour les droits faisait partie intégrante du processus démocratique.

Le combat des mineurs mena également à une reconnaissance plus large des droits en Australie. Leur engagement à la Eureka Stockade fut perçu comme une lutte pour la justice et l'équité, et contribua à l'obtention de plus de droits pour les Australiens.

Le drapeau Eureka, hissé au fort, devint un puissant symbole de protestation et de démocratie, et reste encore aujourd'hui un signe de ces valeurs. Il rappelle l'engagement des mineurs et leur lutte pour leurs droits.

Historiquement, la Eureka Stockade est un événement marquant dans l'histoire australienne. On se souvient du courage des mineurs et de leur résistance contre l'injustice. L'événement eut un impact culturel durable et façonna la culture et l'identité australiennes. Il fait partie de l'histoire qui montre comment l'Australie s'est développée en tant que nation.

La mémoire de la Eureka Stockade est préservée de diverses manières. Dans les écoles australiennes, elle est enseignée comme un événement clé de l'histoire du pays, pour inculquer aux jeunes l'importance de défendre ce qui est juste.

Il existe également des monuments et des mémoriaux dédiés à la Eureka Stockade. Ils servent à informer sur l'événement et à rendre hommage aux participants.

L'héritage de la Eureka Stockade reste d'une grande importance dans l'histoire australienne. Il rappelle le pouvoir du peuple à provoquer des changements et l'importance de lutter pour l'équité et la justice. L'insurrection de la Eureka Stockade n'est pas seulement un élément du passé, mais demeure un aspect essentiel de l'histoire contemporaine de l'Australie et de sa population.

- Amnistie - Amnesty
- Auditoire - Audience
- Cessation - Cessation
- Compromis - Compromise
- Détention - Detention
- Engagement - Commitment
- Épreuve - Ordeal
- Exploitation - Operation
- Fraternité - Brotherhood
- Héritage - Legacy
- Mécontentement - Dissatisfaction
- Pardon - Pardon
- Protestation - Protest
- Réforme - Reform
- Réprimander - Reprimand
- Soulèvement - Uprising
- Sursis - Reprieve

Le Scandale du Teapot Dome (années 1920)

Contexte du Scandale du Teapot Dome

Au début des années 1920, un grand scandale éclata aux États-Unis, connu sous le nom de Scandale du Teapot Dome. Cet incident se déroula pendant la présidence de Warren G. Harding.

Au cœur du scandale se trouvaient d'importantes réserves de pétrole, c'est-à-dire des zones avec de grands gisements de pétrole souterrains. L'une de ces zones était Teapot Dome dans le Wyoming, qui devint célèbre à cause du scandale. Ces réserves de pétrole étaient la propriété du gouvernement américain, donc de l'État et non de particuliers ou d'entreprises.

À cette époque, le pétrole était une ressource très précieuse et importante. Il était utilisé comme carburant pour les voitures, les navires et les usines, et constituait donc un facteur central de l'économie. Le gouvernement contrôlait donc ces importantes réserves de pétrole.

Albert B. Fall, qui servait en tant que secrétaire à l'Intérieur sous le président Harding, joua un rôle clé dans ce scandale. Le secrétaire à l'Intérieur est un haut fonctionnaire du gouvernement, responsable des questions liées aux ressources naturelles. Fall était chargé de l'attribution des droits de location des champs pétrolifères, c'est-à-dire qu'il décidait qui pouvait utiliser la terre pour extraire du pétrole.

Normalement, l'attribution des contrats gouvernementaux se fait par un processus d'appel d'offres, où différentes entreprises soumettent leurs propositions et la meilleure offre l'emporte. Dans le cas du Scandale du Teapot Dome, cependant, aucun processus de ce genre n'eut lieu. Fall attribua les droits de location sans appel d'offres, empêchant ainsi d'autres entreprises de soumettre des propositions.

Le public commença à soupçonner que quelque chose n'allait pas et qu'il y avait des signes de corruption, c'est-à-dire de comportement malhonnête ou illégal d'un détenteur de pouvoir. Il fut révélé que Fall avait conclu des accords secrets avec des compagnies pétrolières, qui ne respectaient pas les pratiques commerciales habituelles du gouvernement.

Le scandale fut pleinement dévoilé lorsqu'il devint connu que Fall avait accepté des pots-de-vin. La corruption signifie que quelqu'un donne de l'argent ou des cadeaux à un détenteur de pouvoir pour obtenir un traitement de faveur. Dans ce cas, Fall reçut de l'argent et des cadeaux de la part des compagnies pétrolières afin que celles-ci puissent utiliser les champs pétrolifères sans concurrence.

Pendant longtemps, le public ne fut pas au courant de ces affaires secrètes et de ces pots-de-vin. Cependant, lorsqu'ils furent révélés, cela suscita une grande inquiétude et indignation.

Les enquêtes sur ce scandale furent lancées pour clarifier les circonstances exactes et découvrir la vérité. Le Scandale du Teapot Dome devint l'un des plus grands scandales de l'histoire américaine et souleva de sérieuses questions sur la corruption et les normes éthiques au sein du gouvernement.

- Attribution - Assignment
- Carburant - Fuel
- Corruption - Corruption
- Détenteur - Holder
- Enquête - Investigation
- Gisement - Deposit
- Indignation - Outrage
- Locataire - Lessee
- Location - Rental
- Pétrolifère - Oil-bearing
- Pot-de-vin - Bribe
- Propriété - Ownership
- Ressources - Resources
- Révéler - To reveal
- Scandale - Scandal
- Soupçonner - To suspect
- Soumettre - To submit

Le scandale prend de l'ampleur

Lorsque le Scandale du Teapot Dome commença à se dessiner au début des années 1920, il devint l'un des événements politiques les plus marquants des États-Unis. La révélation de la corruption fut un moment décisif dans ce scandale. Il devint connu qu'Albert B. Fall, le secrétaire à l'Intérieur des États-Unis, avait accepté des pots-de-vin de compagnies pétrolières. Cette découverte choqua et irrita le public, car elle révélait une corruption de haut niveau au sein du gouvernement.

La gravité du scandale poussa le Sénat américain à lancer une enquête officielle. Pendant les enquêtes sénatoriales, les médias jouèrent un rôle crucial en informant le public sur les détails du scandale. Cela permit à tous dans le pays de se tenir au courant des événements.

Le scandale éclata pendant le mandat du président Warren G. Harding, ce qui signifiait qu'il impliquait des personnes qu'il avait choisies pour son administration, y compris Albert B. Fall. Le scandale devint donc un sujet important pour la présidence de Harding.

Albert Fall fut traduit en justice pour déterminer s'il avait illégalement accepté des pots-de-vin de compagnies pétrolières. Finalement, Fall fut reconnu coupable, ce qui signifiait qu'il avait accepté des pots-de-vin. Cela était remarquable car c'était l'une des premières fois qu'un membre du cabinet américain était condamné pour un tel crime.

Des questions furent également soulevées sur le rôle du président Harding dans le scandale, en particulier sur ce qu'il savait des pots-de-vin et des accords secrets. Ces questions contribuèrent à la controverse et amplifièrent le scandale.

Le Scandale du Teapot Dome eut des répercussions considérables sur le gouvernement américain. Il nuisit à la réputation du gouvernement et ébranla la confiance des citoyens envers leurs dirigeants. Le scandale révéla la présence de corruption à des niveaux élevés du gouvernement, ce qui inquiéta beaucoup de gens.

Plusieurs compagnies pétrolières furent impliquées dans le scandale, car elles avaient versé des pots-de-vin à Albert Fall. Par conséquent, des mesures juridiques furent prises contre ces entreprises.

Le scandale ébranla considérablement la confiance du public dans le gouvernement, un problème majeur dans une démocratie. Il eut également des conséquences politiques pour le parti du président Harding et put influencer le comportement électoral futur des citoyens.

Le président Harding mourut en 1923, avant que le scandale ne soit complètement révélé. Après sa mort, les enquêtes continuèrent, montrant que le gouvernement était déterminé à découvrir la vérité et à s'assurer qu'un tel incident ne se reproduise pas.

Le Scandale du Teapot Dome fut un événement significatif dans l'histoire américaine, révélant des problèmes profonds au sein du gouvernement et soulignant l'importance d'une direction honnête et transparente. Il est encore étudié aujourd'hui comme un exemple important de corruption politique.

- Amplifier - To amplify
- Choquer - To shock
- Compagnie - Company
- Condamné - Convicted
- Controverse - Controversy
- Décisif - Decisive
- Découverte - Discovery
- Ébranler - To shake
- Événement - Event
- Illégalement - Illegally
- Impliquer - To involve
- Inquiéter - To worry
- Média - Media
- Nuire - To harm
- Répercussion - Repercussion
- Révélation - Revelation

- Traduire - To bring to justice

Répercussions et héritage

Le Scandale du Teapot Dome, l'un des plus grands scandales de l'histoire des États-Unis, eut des répercussions durables sur la politique et l'administration américaines. Après la révélation du scandale, Albert B. Fall, la figure centrale du scandale, fut puni pour ses crimes. Il fut reconnu coupable d'avoir accepté des pots-de-vin et devint ainsi le premier membre du cabinet américain à être condamné pour un crime. Cette condamnation marqua un moment significatif dans l'histoire juridique et politique américaine.

En réaction au scandale, le gouvernement américain mit en place plusieurs réformes politiques, notamment concernant la location des champs pétrolifères. Ces réformes visaient à prévenir de futurs scandales et à instaurer des procédures plus transparentes et équitables pour l'attribution des champs pétrolifères.

Le scandale influença durablement la politique américaine et devint un symbole de la corruption gouvernementale. Il éveilla la conscience publique sur le potentiel de corruption au sein du gouvernement et augmenta les attentes des citoyens quant à l'honnêteté et à l'intégrité de leurs dirigeants politiques.

À la suite du scandale, de nouvelles lois furent adoptées pour prévenir des incidents similaires. Ces lois visaient à renforcer la responsabilité du gouvernement et à s'assurer que les fonds publics étaient gérés dans l'intérêt du pays.

Le scandale souleva des questions importantes sur les pouvoirs du président et leurs limites, et mena à des discussions sur l'étendue de l'influence présidentielle ainsi que sur la nécessité de mécanismes de contrôle pour prévenir les abus de pouvoir.

La présidence de Warren G. Harding fut fortement affectée par le scandale. Bien qu'il soit mort avant que le scandale ne soit complètement révélé, son mandat resta marqué par les événements du Teapot Dome.

Le Scandale du Teapot Dome est souvent cité comme l'un des exemples les plus flagrants de corruption gouvernementale dans l'histoire des États-Unis et sert de matériel pédagogique sur l'importance d'une gouvernance éthique et les dangers de la corruption.

Le scandale entraîna une large discussion sur l'éthique au sein du gouvernement et incita à une réévaluation des directives éthiques pour les fonctionnaires.

Le rôle des médias dans la révélation du scandale fut crucial. Ils démontrèrent l'importance d'une presse libre et indépendante dans une société démocratique.

Le scandale influença également la gestion des futurs scandales politiques et devint un point de référence pour l'enquête sur la corruption politique.

La perception du gouvernement par le public changea en raison du scandale, ce qui entraîna une perte de confiance envers les fonctionnaires et une augmentation du scepticisme à l'égard des actions gouvernementales.

Les répercussions du scandale sont encore discutées aujourd'hui et servent d'exemple pour l'évaluation de la corruption étatique et de ses conséquences.

L'héritage du Scandale du Teapot Dome est significatif. Il demeure un symbole de la corruption politique et sert de rappel des dangers du pouvoir incontrôlé ainsi que de l'importance de la transparence et de la responsabilité au sein du gouvernement.

- Abus - Abuse
- Attribution - Allocation
- Condamnation - Conviction
- Conscience - Awareness
- Corruption - Corruption
- Éthique - Ethics
- Éveil - Awakening
- Flagrant - Blatant

- Fonctionnaire - Civil servant
- Héritage - Legacy
- Intégrité - Integrity
- Limite - Limit
- Location - Leasing
- Prévenir - Prevent
- Réforme - Reform
- Révélation - Revelation
- Scepticisme - Skepticism

L'étude sur la syphilis de Tuskegee (1932-1972)

Contexte de l'étude sur la syphilis de Tuskegee

L'étude sur la syphilis de Tuskegee était un projet de recherche médicale mené de 1932 à 1972 à Tuskegee, Alabama, aux États-Unis. Le principal objectif de cette étude était d'observer l'évolution naturelle de la syphilis non traitée chez des hommes afro-américains.

Environ 600 hommes afro-américains ont participé à l'étude. Beaucoup d'entre eux souffraient de la syphilis, une maladie grave qui, sans traitement approprié, peut entraîner des problèmes de santé à long terme et même la mort. Malgré la gravité de leur maladie, ces hommes n'ont pas été correctement informés de la nature de l'étude à laquelle ils participaient.

Les participants ont été trompés, on leur a fait croire qu'ils recevraient des soins de santé gratuits de la part du gouvernement. En réalité, ils n'ont pas été traités pour la syphilis, même lorsque des traitements efficaces sont devenus disponibles. Cette tromperie était un aspect central du caractère non éthique de l'étude.

Le Service de santé publique des États-Unis était responsable de la conduite de l'étude. Les médecins et chercheurs impliqués ont observé les hommes tout au long de l'étude, sans leur offrir le traitement nécessaire contre la syphilis. Il s'agissait d'un cas flagrant de discrimination raciale, car l'étude visait spécifiquement des hommes afro-américains et exploitait leur confiance dans le système médical.

Alors que la maladie progressait chez les hommes, les médecins se contentaient d'observer leur état de santé, sans intervenir dans l'évolution de la maladie ou traiter la syphilis. Cette approche était éthiquement très discutable et contraire aux principes fondamentaux des soins médicaux et du respect de la vie humaine.

Les conséquences pour les participants furent dévastatrices. Beaucoup ont souffert de graves problèmes de santé à cause de leur syphilis non traitée. Cela incluait des douleurs physiques, un déclin mental et, dans certains cas, la mort.

Un autre problème majeur de l'étude était le manque de confidentialité. Les données médicales privées des participants n'étaient pas protégées et leur identité était souvent révélée sans leur consentement.

De plus, il y avait un manque considérable de supervision ou de révision éthique de l'étude. À cette époque, les règlements et les normes pour la recherche médicale n'étaient pas aussi stricts qu'aujourd'hui. Ce manque de supervision a permis à l'étude de se poursuivre pendant quarante ans sans être interrompue ou remise en question.

L'étude sur la syphilis de Tuskegee est aujourd'hui considérée comme une grave violation des normes éthiques en matière de recherche médicale. Elle souligne l'importance cruciale du consentement, de l'honnêteté et du respect des droits humains dans toutes les entreprises médicales et scientifiques.

- Ampleur - Magnitude
- Comportement - Behavior
- Déclin - Decline
- Dévastateur - Devastating
- Dispositif - Device
- Dommages - Damages
- Échantillon - Sample
- Éthique - Ethical
- Exploiter - To exploit
- Flagrant - Blatant
- Mener - To conduct
- Mépris - Contempt
- Nocif - Harmful
- Occulter - To conceal
- Préjudice - Harm
- Remédier - To remedy
- Souffrance - Suffering

Découverte et réaction à l'étude

L'étude sur la syphilis de Tuskegee resta largement inconnue du public jusqu'en 1972. Cette année-là, l'étude fut dévoilée et les pratiques non éthiques qui avaient eu lieu furent révélées. La découverte choqua beaucoup de gens et attira rapidement l'attention des médias. Les journaux et les chaînes de télévision rapportèrent en détail l'étude et informèrent le public sur les événements.

La révélation de l'étude suscita une grande indignation publique. Les gens furent choqués et en colère que le gouvernement ait mené une étude aussi peu éthique. En particulier, la communauté afro-américaine fut profondément touchée, car l'étude ciblait spécifiquement les hommes afro-américains.

Le gouvernement fut vivement critiqué pour son rôle dans l'étude. Les éthiciens et le grand public condamnèrent fermement l'étude en raison de son manque de responsabilité éthique et de son mépris pour la vie humaine.

Les conséquences sanitaires pour les participants furent graves. Beaucoup d'hommes souffrirent de sérieux problèmes de santé en raison de leur syphilis non traitée, y compris des maladies cardiaques, des dommages aux organes et un déclin mental.

En réponse à ces révélations, des actions en justice furent engagées contre le gouvernement. Des poursuites furent intentées au nom des participants et de leurs familles pour réclamer justice et compensation pour les dommages subis.

Les survivants de l'étude et leurs familles reçurent finalement une indemnisation en reconnaissance des souffrances endurées.

Des années plus tard, le gouvernement américain présenta des excuses officielles pour l'étude sur la syphilis de Tuskegee, ce qui constitua une étape importante dans la reconnaissance de l'injustice subie par les participants et leurs familles.

L'étude renforça la méfiance de la communauté afro-américaine envers le système médical et mit en lumière les inégalités raciales dans les soins de santé.

En réaction à l'étude, des réformes approfondies en matière d'éthique de la recherche furent mises en place, notamment le renforcement du consentement éclairé.

L'étude sur la syphilis de Tuskegee sert aujourd'hui de cas d'étude dans les formations médicales et éthiques, soulignant l'importance des normes éthiques dans la recherche et la pratique médicales.

L'héritage des participants à l'étude sur la syphilis de Tuskegee est un rappel poignant de leurs souffrances et sert de mise en garde sur l'importance des normes éthiques dans la recherche et la pratique médicales.

- Attirer - Attract
- Compensation - Compensation
- Condamner - To condemn
- Conséquences - Consequences
- Déclin - Decline
- Dévoiler - Unveil
- Endurer - Endure
- Éthicien - Ethicist
- Indemnisation - Compensation
- Indignation - Outrage
- Inégalités - Inequalities
- Intenter - To file (a lawsuit)
- Médecine - Medicine
- Méfiance - Distrust
- Réclamer - Claim
- Réformer - Reform
- Sanitaire - Health-related

Conséquences à long terme et héritage

L'étude sur la syphilis de Tuskegee, qui s'est terminée en 1972, a eu un impact durable sur la recherche médicale et la communauté afro-américaine. La nature non éthique de l'étude a conduit à des changements significatifs dans la conduite de la recherche médicale.

L'un des résultats les plus importants fut la réforme des pratiques de recherche. L'étude souligna la nécessité de normes éthiques dans la recherche médicale et mena à des directives plus strictes ainsi qu'à une meilleure surveillance. Cela était crucial pour protéger le bien-être et les droits des participants dans les études médicales.

L'étude a également conduit à l'introduction de lois sur le consentement éclairé. Ces lois exigent que tous les participants à la recherche médicale soient pleinement informés de l'étude et donnent leur consentement. Ce changement a aidé à rétablir la confiance dans la recherche médicale et à garantir la transparence.

L'étude a suscité une méfiance durable envers le système médical parmi les Afro-Américains, car ils se sentaient trahis par le traitement non éthique qu'ils avaient subi. Cela a conduit à une scepticisme compréhensible à l'égard des intentions et des pratiques médicales.

En réponse à l'étude, des réformes importantes ont été mises en place dans le domaine de la santé, en particulier en ce qui concerne les droits des patients et le traitement éthique. Ces réformes visaient à prévenir des incidents similaires et à garantir un traitement équitable pour tous les patients.

Des mémoriaux ont été érigés en l'honneur des victimes de l'étude. Ceux-ci rappellent les souffrances endurées par les participants et soulignent l'importance d'un comportement éthique dans la pratique médicale.

Des programmes éducatifs ont été développés pour sensibiliser à l'étude sur la syphilis de Tuskegee. Ces programmes visent à s'assurer que les générations futures comprennent les conséquences des pratiques médicales non éthiques et reconnaissent l'importance des normes éthiques dans les soins de santé.

L'étude a renforcé la prise de conscience du racisme en médecine et a mis en évidence les inégalités raciales dans les soins de santé. Elle a démontré la nécessité de l'égalité et de l'équité dans le traitement et la recherche médicales.

Des changements politiques ont été apportés pour empêcher des études non éthiques similaires. Cela comprenait des directives éthiques plus strictes et une surveillance accrue de la recherche médicale.

Dans la formation en éthique médicale, l'étude sur la syphilis de Tuskegee est aujourd'hui utilisée comme cas d'école. Elle sert d'exemple sur l'importance de l'éthique dans la recherche et la pratique médicales.

L'étude a sensibilisé le public aux questions éthiques dans la recherche médicale et a conduit à une demande accrue de pratiques éthiques.

La recherche continue sur la syphilis et d'autres maladies a été menée dans le respect des considérations éthiques, en mettant l'accent sur le respect des droits des participants et la garantie d'un consentement éclairé.

L'étude a également conduit à des mesures de soutien accrues pour les communautés affectées, afin de répondre à leurs besoins en matière de santé et de bien-être social.

Les documentaires et les livres sur l'étude de Tuskegee ont contribué à une meilleure sensibilisation du public et ont maintenu la mémoire de l'étude vivante.

Des événements commémoratifs annuels rappellent l'étude et ses conséquences. Ils soulignent l'importance de l'éthique dans la recherche médicale et la nécessité de rester vigilant contre les pratiques non éthiques.

L'étude sur la syphilis de Tuskegee reste un sujet central dans les discussions sur l'éthique et les soins de santé. Elle constitue un exemple puissant de la nécessité d'une intégrité éthique dans la recherche médicale et de l'importance de protéger les droits et le bien-être de tous les individus.

- Accroître - To increase
- Comportement - Behavior
- Consentement - Consent
- Diriger - To lead/manage
- Éduquer - To educate
- Égalité - Equality
- Éthique - Ethics
- Inégalité - Inequality
- Indemnisation - Compensation
- Méfiance - Distrust
- Norme - Standard
- Préjudice - Harm
- Réforme - Reform
- Révéler - To reveal
- Sensibiliser - To raise awareness
- Souffrance - Suffering
- Surveillance - Monitoring

L'étude de Tuskegee dans le contexte du Code de Nuremberg

L'étude sur la syphilis de Tuskegee, examinée à travers le prisme du Code de Nuremberg, rappelle clairement l'importance des lignes directrices éthiques dans la recherche médicale. Le Code de Nuremberg a été établi en 1947 en réponse aux atrocités médicales commises pendant la Seconde Guerre mondiale. Bien que l'étude de Tuskegee ait commencé avant la formulation du Code de Nuremberg, l'examen de ce code aide à mettre en lumière les violations éthiques de l'étude.

Le Code de Nuremberg comprend dix principes fondamentaux pour la recherche médicale éthique, en mettant l'accent sur la protection et les droits des sujets. Parmi les aspects du Code que l'étude de Tuskegee a violés, on trouve :

1. **Consentement éclairé** : Le principe le plus fondamental du Code de Nuremberg est le consentement volontaire après une information complète. Les hommes de l'étude de

94

Tuskegee n'ont pas été pleinement informés et ont été trompés sur la véritable nature de l'étude.

2. **Bienfaisance et non-malfaisance** : Le Code exige d'éviter toute souffrance physique et mentale inutile dans les expériences. Dans l'étude de Tuskegee, on a refusé aux participants un traitement efficace, ce qui a conduit à des souffrances considérables et à des décès, violant ainsi ce principe.

3. **Droit de se retirer** : Le Code stipule que les participants ont le droit de mettre fin à leur participation à tout moment. Ce droit n'a pas été efficacement communiqué ni respecté dans l'étude de Tuskegee.

4. **Analyse risque-bénéfice** : La recherche éthique nécessite une évaluation soigneuse des risques et des bénéfices. L'étude de Tuskegee a grossièrement négligé cette évaluation, car les risques d'une syphilis non traitée l'emportaient largement sur les bénéfices.

5. **Scientifiques qualifiés** : Bien que les chercheurs de l'étude de Tuskegee aient été techniquement qualifiés, ils manquaient de jugement éthique et d'intégrité scientifique, ce qui constitue une violation des exigences du Code de Nuremberg en matière de normes éthiques et scientifiques élevées.

L'étude de Tuskegee a ébranlé la confiance du public et sensibilisé à la nécessité de normes éthiques strictes dans la recherche médicale. L'indignation et l'inquiétude suscitées par l'étude ont grandement contribué au développement des normes éthiques modernes, y compris le consentement éclairé et la mise en place de comités d'examen institutionnels (IRB) pour superviser la recherche impliquant des participants humains.

Le Code de Nuremberg, dans le contexte de l'étude sur la syphilis de Tuskegee, sert de référence pour évaluer les lacunes éthiques de l'étude. Il souligne l'importance de respecter la dignité, les droits et le bien-être des participants à la recherche. L'héritage de l'étude de Tuskegee, associé aux principes établis dans le Code de Nuremberg, continue d'influencer le comportement éthique dans la recherche médicale et le développement de mesures de protection pour les participants aux essais cliniques.

- Analyse - Analysis
- Bienfaisance - Beneficence
- Comité - Committee
- Conduite - Conduct
- Consentement - Consent
- Dignité - Dignity
- Ébranler - To shake
- Éclairé - Informed
- Inquiétude - Concern
- Intégrité - Integrity
- Lacune - Gap
- Malfaçon - Defect
- Négliger - To neglect
- Prisme - Prism
- Risques - Risks
- Souffrance - Suffering

Le complot du 20 juillet et l'opération Walkyrie : la tentative de renverser Hitler

Contexte du complot du 20 juillet et de l'opération Walkyrie

En 1944, pendant la Seconde Guerre mondiale, deux événements significatifs se produisirent en Allemagne : le complot du 20 juillet et l'opération Walkyrie. À cette époque, l'Allemagne était sous la domination d'Adolf Hitler, qui gouvernait le pays avec son régime nazi. Cependant, tous en Allemagne ne soutenaient pas le régime de Hitler. Certains officiers allemands, mécontents de la direction de Hitler, nourrissaient une insatisfaction croissante.

Adolf Hitler, le Führer de l'Allemagne nazie, était la cible principale du complot du 20 juillet. Ce complot était une tentative d'assassinat pour destituer Hitler. En même temps, il y avait l'opération Walkyrie, un plan qui devait permettre à l'armée de maintenir le contrôle de l'Allemagne en cas d'urgence, comme un soulèvement populaire ou la mort de Hitler.

L'opération Walkyrie fut cependant profondément modifiée. Le plan fut remanié pour soutenir le mouvement visant à renverser Hitler. Cela était une partie centrale du complot du 20 juillet, car il devait permettre aux conspirateurs de prendre le contrôle du gouvernement une fois Hitler tué.

Parmi les figures clés de ces plans figuraient Claus von Stauffenberg, un officier de l'armée allemande, et d'autres officiers de haut rang. Ces conspirateurs voulaient mettre fin à la Seconde Guerre mondiale et à la tyrannie de Hitler. Ils espéraient, en éliminant Hitler, pouvoir négocier la paix avec les Alliés et sauver l'Allemagne de la destruction supplémentaire.

Pour planifier l'attentat, les conspirateurs se rencontraient secrètement. Ils étaient conscients des risques immenses de leur plan. S'ils étaient découverts, ils risquaient la mort certaine. Néanmoins, ils étaient déterminés à poursuivre leur plan d'assassiner Hitler avec une bombe.

La communication entre les conspirateurs était cruciale et devait se faire discrètement. Ils utilisaient des messages codés pour coordonner leurs plans, car une découverte mènerait à une arrestation et une exécution immédiates.

Le soutien au complot au sein de l'armée était limité mais significatif. Tous les officiers militaires ne soutenaient pas l'attentat contre Hitler, beaucoup lui restant loyaux. Cette loyauté au sein de l'armée représentait un grand défi pour les conspirateurs.

En préparation de l'après-attentat, les conspirateurs planifiaient également un nouveau gouvernement. Ils voulaient mettre en place un gouvernement qui dirigerait l'Allemagne après la mort de Hitler, espérant ainsi rétablir la stabilité et l'ordre dans le pays.

Le complot du 20 juillet et l'opération Walkyrie marquent un moment critique dans l'histoire, lorsque un groupe d'officiers de haut rang s'est courageusement opposé à la tyrannie et à la dictature. Leurs actions ont montré la résistance profonde en Allemagne contre le régime de Hitler et illustré la complexité de la résistance au sein d'un régime totalitaire.

- Arrestation - Arrest
- Assassinat - Assassination
- Codé - Coded
- Conspirateur - Conspirator
- Destituer - To depose
- Domination - Domination
- Éliminer - To eliminate
- Exécution - Execution
- Insatisfaction - Dissatisfaction
- Loyauté - Loyalty
- Planifier - To plan
- Remanier - To revise
- Renverser - To overthrow
- Résistance - Resistance
- Secrètement - Secretly
- Soulèvement - Uprising
- Tyrannie - Tyranny

La tentative d'assassinat

Le 20 juillet 1944, un événement majeur de l'histoire de la Seconde Guerre mondiale eut lieu : une tentative d'assassinat sur Adolf Hitler. Cette tentative faisait partie du complot du 20 juillet, qui visait à destituer Hitler et à changer le cours de la guerre.

Le lieu de l'attentat était le quartier général de Hitler à la Wolfsschanze, un poste de commandement fortement gardé en Prusse-Orientale. C'est là que Hitler menait une grande partie de ses planifications de guerre, et en raison de son importance, ce lieu fut choisi pour l'attentat.

La figure clé de cette tentative était Claus von Stauffenberg, un officier de l'armée allemande et l'un des principaux membres du complot. Il fut chargé de la tâche cruciale de transporter la bombe qui devait tuer Hitler.

La bombe utilisée pour l'attentat était cachée dans une mallette. Cette bombe dans une mallette fut choisie pour sa portabilité et sa facilité à être apportée à une réunion avec Hitler.

Stauffenberg plaça la mallette contenant la bombe avec succès près de Hitler et quitta la pièce. La bombe explosa et causa des dégâts considérables. Par un caprice du destin, Hitler survécut à l'explosion. La position de la mallette et la structure de la pièce contribuèrent probablement à sa survie.

Après l'explosion, il y eut d'abord une confusion sur le fait que Hitler soit mort ou vivant. Cette confusion joua un rôle décisif dans les événements qui suivirent cette journée.

Malgré cette incertitude, l'opération Walkyrie fut activée. Ce plan, initialement conçu pour mobiliser l'armée de réserve afin de prendre le contrôle de l'Allemagne en cas de mort de Hitler, fut lancé dans la croyance que Hitler avait été assassiné.

L'échec de l'attentat conduisit cependant à l'arrestation rapide de nombreux conspirateurs. Le régime nazi réagit rapidement en arrêtant ceux qui avaient participé au complot.

Finalement, l'objectif principal du complot - l'assassinat de Hitler et la prise de contrôle du gouvernement - ne fut pas atteint. L'échec de l'attentat eut des conséquences considérables.

L'explosion fit de nombreuses victimes ; plusieurs personnes furent tuées ou blessées. Cependant, Hitler n'en fit pas partie, et sa survie signifia que le régime nazi resta au pouvoir.

La réaction immédiate du régime nazi consista à réprimer agressivement la tentative de coup d'État. Les services de sécurité et de renseignement du régime prirent rapidement des mesures pour empêcher la propagation du putsch.

L'échec du plan eut des répercussions profondes sur le cours de la Seconde Guerre mondiale. Cela prolongea probablement la guerre, car la mort de Hitler aurait pu conduire à une fin plus rapide du conflit.

Le complot du 20 juillet provoqua de la peur parmi les fonctionnaires nazis. Il montra qu'il y avait une opposition significative contre Hitler au sein de l'armée, ce dont le régime nazi n'était pas pleinement conscient.

Après l'événement, le public prit conscience du complot. De nombreux Allemands apprirent la tentative de tuer Hitler, ce qui mit en lumière l'existence de la résistance contre le régime nazi en Allemagne.

Hitler réagit à la tentative d'assassinat ratée par une répression accrue contre les dissidents. Le régime devint encore plus répressif, avec une surveillance renforcée et des sanctions plus sévères pour ceux soupçonnés d'être contre Hitler.

Le complot du 20 juillet et la tentative d'assassinat sur Hitler furent des moments clés dans l'histoire de l'Allemagne nazie. Ils démontrèrent le courage de ceux qui s'opposaient au régime de Hitler et les risques extrêmes qu'ils étaient prêts à prendre pour changer le cours de l'histoire.

- Accalmie - Lull
- Attentat - Attack

- Bouleverser - To upset
- Caché - Hidden
- Cible - Target
- Conspirateur - Conspirator
- Dégâts - Damage
- Détonation - Explosion
- Échec - Failure
- Éclater - To burst
- Enquête - Investigation
- Éviter - To avoid
- Fuite - Escape
- Méfiance - Distrust
- Piège - Trap
- Retentissant - Resounding
- Surveillance - Surveillance

Conséquences et répercussions

Les suites de l'attentat du 20 juillet contre Adolf Hitler et de l'opération Walkyrie eurent des conséquences étendues tant en Allemagne qu'à l'international. La réaction du régime nazi fut rapide et brutale, affectant non seulement les participants directs à l'attentat mais aussi la société allemande et l'armée en général.

Après l'échec de l'attentat, les conspirateurs furent sévèrement punis. La plupart d'entre eux furent soit exécutés, soit emprisonnés. Le régime nazi s'assura rapidement que les participants paient un lourd tribut pour leurs actions.

De nombreux conspirateurs furent jugés. Ces procès, souvent des "procès-spectacles", manquaient de justice et visaient davantage à faire des exemples des conspirateurs qu'à rendre justice. Les procédures furent utilisées par le régime nazi comme outil de propagande.

Adolf Hitler ordonna des mesures de représailles sévères contre les conspirateurs. Ces mesures visaient non seulement les conspirateurs eux-mêmes mais servaient également de message pour dissuader toute résistance future contre le régime nazi.

Les familles des conspirateurs furent également menacées de persécution. Cela faisait partie de la tactique courante des nazis pour intimider et punir ceux qu'ils considéraient comme des ennemis, élargissant ainsi la souffrance au-delà des coupables.

En réaction au complot, les mesures de sécurité autour de Hitler furent considérablement renforcées. Le régime nazi devint encore plus vigilant et paranoïaque pour protéger Hitler contre d'éventuelles menaces.

Les répercussions sur l'armée allemande furent profondes. L'armée fut purgée de ses éléments suspects, entraînant la perte de nombreux officiers expérimentés et qualifiés. Cette purge affaiblit l'efficacité de l'armée allemande dans les dernières phases de la Seconde Guerre mondiale.

Le complot du 20 juillet souleva des questions morales sur la résistance contre un régime tyrannique. Il provoqua des débats sur la justification des attentats et de la résistance dans des circonstances extrêmes.

La réaction internationale à l'attentat fut mitigée. Certains considéraient les auteurs de l'attentat comme des héros se dressant contre une dictature brutale, tandis que d'autres voyaient dans cet acte un geste désespéré et vain.

Historiquement, le complot du 20 juillet est devenu un symbole de la résistance contre l'Allemagne nazie. Il représenta un acte significatif de défi contre un régime qui avait réprimé toute forme d'opposition.

L'événement a été bien documenté dans les archives historiques, fournissant un compte rendu détaillé du complot et de ses conséquences. Ces archives sont inestimables pour comprendre la complexité et la dynamique de la résistance dans l'Allemagne nazie.

Avec le temps, le courage des conspirateurs fut reconnu. Ils furent vus comme des personnes ayant montré un grand courage face à des chances accablantes, se battant pour leurs convictions au péril de leur vie.

Des monuments furent érigés en l'honneur de ceux qui résistèrent à Hitler et au régime nazi par l'attentat du 20 juillet. Ces monuments commémorent le courage et le sacrifice des participants.

Dans l'enseignement, le 20 juillet est traité comme un événement significatif de l'histoire. Il est un exemple de courage civique et de résistance dans des circonstances extrêmement difficiles.

L'action et ses conséquences ont été représentées dans diverses œuvres culturelles, y compris des films et des livres. Ces représentations ont contribué à maintenir vivante et pertinente l'histoire de cet événement pour les générations futures.

L'héritage de l'attentat du 20 juillet reste une part importante de l'histoire allemande. Il témoigne du fait que même en période de répression généralisée et de peur, des actes de courage et de résistance peuvent défier l'injustice et la tyrannie.

- Arracher - to pull out, to extract
- Bouleverser - to upset, to overwhelm
- Chuchoter - to whisper
- Déroutant - confusing
- Éclater - to burst, to explode
- Frissonner - to shiver, to tremble
- Gémir - to moan, to groan
- Heurter - to hit, to collide with
- Insolite - unusual, strange
- Jalouser - to envy, to be jealous of
- Kiosque - newsstand
- Lueur - glimmer, gleam
- Murmurer - to murmur, to whisper
- Néfaste - harmful, detrimental
- Onduler - to ripple, to wave

- Pépinière - nursery (for plants)
- Quotidien - daily, everyday

Le rôle et l'héritage de l'opération Walkyrie

L'opération Walkyrie joua un rôle central dans l'attentat du 20 juillet 1944 contre Adolf Hitler et influença durablement les discussions historiques et éthiques.

À l'origine, l'opération Walkyrie était destinée à contrôler les troubles intérieurs en Allemagne. C'était un plan permettant à l'armée de réserve allemande de prendre le contrôle de l'administration du pays en cas de perturbation. Toutefois, la finalité de Walkyrie changea radicalement lorsqu'elle fut associée au coup d'État anti-Hitler. Les conspirateurs modifièrent le plan pour en faire un outil destiné à renverser Hitler et à prendre le pouvoir.

La mise en œuvre de Walkyrie fut marquée par la confusion, surtout après l'échec de l'attentat contre Hitler. L'activation du plan devait signaler l'effondrement du régime nazi, mais puisque Hitler survécut, cela provoqua le chaos et l'incertitude parmi les participants.

Walkyrie était une composante essentielle du plan des conspirateurs pour un gouvernement post-Hitler. Ils espéraient, grâce à cette opération, stabiliser l'Allemagne et négocier la paix avec les Alliés. Les conspirateurs, parmi lesquels Claus von Stauffenberg et d'autres officiers de haut rang, envisageaient un gouvernement sans Hitler et une Allemagne libérée de la domination nazie.

Cependant, l'activation de Walkyrie échoua en raison de la survie de Hitler. L'incapacité à tuer Hitler empêcha le complot de se dérouler comme prévu, entraînant l'échec de l'opération et l'arrestation rapide des conspirateurs.

Les événements entourant l'opération Walkyrie révélèrent les divisions au sein de l'armée allemande. Alors que certains soutenaient le complot, beaucoup d'autres restèrent loyaux à Hitler, révélant la complexité et les loyautés partagées au sein de l'armée.

La planification stratégique liée à la modification et à l'exécution de l'opération Walkyrie démontra la vision des conspirateurs et leur compréhension du paysage politique et militaire. Ils avaient des plans détaillés pour une transition de gouvernement après Hitler, soulignant leur engagement pour une Allemagne réformée.

Les historiens et les chercheurs ont longuement analysé l'opération Walkyrie en raison de ses objectifs ambitieux et de sa planification complexe. Elle est considérée comme une étude de cas importante pour la stratégie militaire et les mouvements de résistance.

Les considérations éthiques soulevées par l'opération Walkyrie sont d'une grande importance. Elles posent des questions sur l'éthique des coups d'État militaires et de la résistance en temps de guerre et de dictature. La planification et l'exécution de l'opération ont fait l'objet de débats sur l'éthique de la guerre et la responsabilité morale des officiers militaires.

L'opération Walkyrie a inspiré des mouvements ultérieurs contre la tyrannie et l'oppression. Elle symbolise la possibilité de résistance même dans les circonstances les plus difficiles et les plus dangereuses.

Dans les discussions sur l'éthique militaire, l'opération Walkyrie est souvent citée comme un exemple de résistance militaire contre des ordres gouvernementaux illégitimes et tyranniques. Elle soulève des questions importantes sur le devoir des soldats et des officiers de s'opposer aux ordres injustes.

L'opération a influencé les tentatives ultérieures de renversement de régimes et a servi de référence pour la planification et l'exécution de coups d'État militaires.

La signification durable de l'opération Walkyrie pour l'étude de la résistance et de l'éthique militaire reste évidente. Elle fait l'objet d'un intérêt et d'analyses qui mettent en lumière la complexité de la résistance contre les régimes oppressifs et les dilemmes moraux de ceux qui occupent des positions de pouvoir militaire. L'héritage de l'opération Walkyrie perdure comme un rappel du courage et de la conviction nécessaires pour s'opposer à la tyrannie.

- Attentat - attack, assassination attempt
- Coup d'État - coup d'état, overthrow
- Dévoiler - to reveal, to unveil
- Échec - failure
- Échouer - to fail
- Effondrement - collapse
- Envisager - to contemplate, to consider
- Incertitude - uncertainty
- Loyauté - loyalty
- Perturbation - disruption, disturbance
- Planification - planning
- Réformer - to reform
- Renverser - to overthrow
- Résistance - resistance
- Soulever - to raise, to bring up
- Stratégique - strategic
- Tyrannie - tyranny

Les Cinq de Cambridge (années 1930-1950)

Création et membres des Cinq de Cambridge

Les Cinq de Cambridge étaient un groupe notoire d'espions soviétiques actifs au Royaume-Uni des années 1930 aux années 1950. Ce chapitre offre un aperçu de leur création, de leurs membres et de leurs activités durant cette période.

Le groupe a été nommé "Les Cinq de Cambridge" car il se composait de cinq hommes qui travaillaient comme espions pour l'Union soviétique. Leur histoire commence à l'Université de Cambridge, où ils se sont rencontrés et ont tissé des liens qui ont ensuite évolué pour devenir l'un des réseaux d'espionnage les plus célèbres du XXe siècle.

Les membres de ce groupe étaient Kim Philby, Donald Maclean, Guy Burgess, Anthony Blunt et John Cairncross. Ils ont été recrutés par les services secrets soviétiques à des fins d'espionnage. Leur recrutement s'est largement basé sur leur idéologie commune ; la plupart d'entre eux étaient motivés par une forte croyance dans le communisme, en accord avec la politique de l'Union soviétique de l'époque.

Ces cinq hommes étaient contrôlés et dirigés par des officiers des services secrets soviétiques. Ils recevaient des instructions et des directives pour leurs activités d'espionnage, veillant à ce que leurs actions servent les intérêts soviétiques.

Les activités des Cinq de Cambridge étaient entourées de secrets. Ils ont fait de grands efforts pour dissimuler leurs activités d'espionnage aux autorités britanniques et au public. Leur capacité à garder ces activités secrètes pendant de nombreuses années témoigne de leurs compétences en matière d'espionnage.

Pendant leur séjour à l'Université de Cambridge, le groupe a développé une amitié étroite. Cette amitié était essentielle pour qu'ils puissent travailler efficacement en tant que réseau d'espionnage. Leur confiance mutuelle était cruciale pour leurs opérations.

Au fil du temps, les membres des Cinq de Cambridge ont accédé à des postes de haut rang dans les services secrets britanniques. Cela leur a permis d'avoir accès à des informations importantes qu'ils transmettaient à l'Union soviétique, ce qui s'est avéré inestimable pour les Soviétiques pendant la Seconde Guerre mondiale et la guerre froide qui a suivi.

Ils ont maintenu leur couverture en occupant des emplois réguliers, dissimulant ainsi leurs véritables activités d'espions soviétiques. Leurs positions au sein du gouvernement britannique et d'autres institutions leur ont donné accès à des informations sensibles qu'ils ont transmises à l'Union soviétique.

Le degré d'infiltration atteint par les Cinq de Cambridge était remarquable. Ils ont pénétré les plus hauts niveaux du gouvernement britannique et des services de renseignement, ce qui en a fait l'un des réseaux d'espionnage soviétiques les plus réussis de l'époque.

Leur impact sur les opérations des services secrets britanniques a été considérable. Les informations qu'ils ont transmises à l'Union soviétique ont compromis de nombreuses opérations de renseignement et ont eu des répercussions importantes sur les relations internationales durant une période de tension intense dans l'histoire mondiale.

Un élément clé de leur succès était la confiance qu'ils exploitaient à leur avantage. En raison de leurs positions et de leur réputation, ils avaient accès à des informations cruciales pour la sécurité nationale et les utilisaient au profit de l'Union soviétique.

L'histoire des Cinq de Cambridge est un rappel clair de la complexité de l'espionnage, de la vulnérabilité même des institutions les plus sécurisées et de l'impact qu'un petit groupe d'individus peut avoir sur les relations internationales et la sécurité nationale.

- Accéder - to access
- Ampleur - extent, scope
- Croyance - belief

- Dissimuler - to conceal
- Échapper - to escape
- Éluder - to evade
- Étroite - close, tight (relationship)
- Inestimable - invaluable
- Infiltration - infiltration
- Notable - noteworthy
- Pénétrer - to penetrate
- Répercussion - repercussion
- Réussir - to succeed
- Secrète - secret
- Susciter - to arouse, to provoke
- Témoigner - to testify, to show
- Vulnérabilité - vulnerability

Activités d'espionnage et impacts

Les activités d'espionnage des Cinq de Cambridge furent à la fois étendues et influentes, s'étendant sur deux décennies au cours d'une phase cruciale de l'histoire mondiale. Leur travail de collecte et de transmission d'informations gouvernementales sensibles à l'Union soviétique a eu un impact significatif sur les relations internationales et les opérations de renseignement.

Leur principale mission était la collecte d'informations gouvernementales sensibles. Grâce à leur accès à des documents secrets et à des rapports de renseignement, ils pouvaient discrètement recueillir des données importantes pour l'Union soviétique. Ces informations allaient des stratégies politiques aux plans militaires, rendant leur contribution au renseignement soviétique extrêmement précieuse.

Pendant la Seconde Guerre mondiale, les informations transmises par les Cinq de Cambridge étaient particulièrement cruciales. Ils fournissaient à l'Union soviétique des informations sur les efforts de guerre du Royaume-Uni et de ses alliés. Ces données étaient inestimables à une époque où les connaissances stratégiques pouvaient influencer considérablement le cours de la guerre.

Leurs activités eurent le plus grand impact pendant la guerre froide. Les informations qu'ils transmettaient aux Soviétiques donnaient à l'URSS un avantage stratégique durant cette période de fortes tensions géopolitiques. Leurs actions furent considérées comme une contribution majeure aux efforts de renseignement soviétiques.

Les méthodes qu'ils utilisaient pour transmettre les informations étaient discrètes et sophistiquées, ce qui leur permit de rester non détectés pendant de nombreuses années. Ils communiquaient secrètement avec leurs contacts soviétiques et utilisaient divers moyens pour garantir la confidentialité de leurs messages. Cette communication secrète était cruciale pour le succès de leurs opérations.

Les Cinq de Cambridge ciblaient à la fois les renseignements politiques et militaires, ce qui rendait leurs activités d'espionnage vastes et profondes. Malgré le risque d'être démasqués, ils réussirent à éviter les soupçons grâce à leurs méthodes habiles et à la confiance de leurs collègues.

Leurs activités, longtemps non détectées, posèrent un grand défi à la contre-espionnage britannique. Les Cinq de Cambridge parvinrent à échapper aux soupçons et à poursuivre leurs activités, révélant des faiblesses dans le système de renseignement britannique.

Leurs actions eurent des répercussions importantes sur les relations internationales du Royaume-Uni, en particulier avec ses alliés. Les fuites et la révélation de leurs activités entraînèrent des tensions et de la méfiance, affectant les relations diplomatiques à un moment critique de l'histoire.

L'utilisation de la technologie de l'époque joua un rôle crucial dans leurs activités d'espionnage. Ils utilisèrent les ressources disponibles pour collecter, stocker et transmettre des informations, faisant preuve d'adaptabilité et d'innovation dans leurs méthodes.

Les Cinq de Cambridge furent responsables de fuites d'informations importantes, ayant des répercussions considérables sur la sécurité nationale et internationale. Malgré leurs efforts pour effacer leurs traces, leurs activités furent finalement découvertes, menant à l'un des scandales d'espionnage les plus significatifs du XXe siècle.

Aux yeux de l'Union soviétique, les Cinq de Cambridge étaient un grand succès. Ils fournirent aux Soviétiques une multitude d'informations autrement inaccessibles, faisant de leur opération l'un des cas d'espionnage les plus efficaces de cette époque.

L'histoire des Cinq de Cambridge n'est pas seulement une histoire d'espionnage, mais aussi un récit qui illustre la complexité de la loyauté, de l'idéologie et des vastes impacts du travail de renseignement sur la politique et la sécurité mondiales.

- Cibler - to target
- Confidentiel - confidential
- Détecter - to detect
- Discret - discreet
- Échapper - to escape
- Éviter - to avoid
- Fuite - leak
- Idéologie - ideology
- Inestimable - invaluable
- Loyauté - loyalty
- Méfiance - mistrust
- Poursuivre - to pursue
- Recueillir - to collect
- Révéler - to reveal
- Sévère - severe
- Soupçon - suspicion
- Tension - tension

Découverte, Répercussions et Héritage

La découverte des Cinq de Cambridge, un groupe d'espions soviétiques opérant au Royaume-Uni, a eu des répercussions considérables bien au-delà de leur champ d'action immédiat.

La révélation des Cinq de Cambridge par les services secrets britanniques a marqué un tournant décisif dans cette histoire d'espionnage. Lorsque les informations sur leurs activités ont été dévoilées, cela a provoqué un grand scandale et une indignation publique au Royaume-Uni. Tant le public que le gouvernement ont été choqués et consternés d'apprendre que l'espionnage à un si haut niveau avait pu rester inaperçu pendant si longtemps.

Certains membres des Cinq de Cambridge ont réussi à fuir en Union soviétique après la découverte de leurs activités. Cette fuite a ajouté au caractère dramatique de l'affaire et souligné l'ampleur de la trahison.

Les membres des Cinq de Cambridge ont dû faire face à diverses conséquences juridiques pour leurs actions. L'ampleur de ces conséquences variait, mais leur dévoilement et les procès ou les désertions qui ont suivi ont été des événements marquants dans l'histoire de l'espionnage.

Les médias ont largement couvert le scandale, attirant l'attention du public sur les subtilités de l'espionnage et du contre-espionnage. Les journaux et autres médias ont rapporté en détail les développements, révélant la complexité de l'affaire.

La découverte des Cinq de Cambridge a conduit à des enquêtes approfondies au sein des services secrets britanniques. Ces enquêtes visaient à comprendre comment les espions avaient pu opérer sans être détectés pendant si longtemps et à empêcher des incidents similaires à l'avenir.

Le gouvernement britannique a dû réagir fermement à cette violation de la sécurité. Les révélations ont conduit à une réévaluation des procédures de renseignement et ont incité à des changements dans la manière dont les informations de renseignement étaient collectées et traitées.

L'affaire a exacerbé les tensions pendant la Guerre froide. Le fait que l'Union soviétique ait réussi à mener un espionnage à un si haut niveau a renforcé la méfiance et l'hostilité déjà existantes entre l'Est et l'Ouest.

La défection de certains membres des Cinq de Cambridge a eu des répercussions importantes sur l'espionnage international. Elle a montré clairement l'importance des enjeux dans le monde de l'espionnage et jusqu'où certains individus étaient prêts à aller pour leurs convictions idéologiques.

L'histoire des Cinq de Cambridge est devenue un sujet d'intérêt historique et académique majeur. Elle a offert des aperçus précieux sur le fonctionnement de l'espionnage durant l'une des périodes les plus tendues de la politique mondiale.

L'affaire a inspiré de nombreux livres et films, captivant le public avec son mélange d'intrigues, de trahison et de politique internationale. Ces représentations culturelles ont contribué à maintenir vivante l'histoire des Cinq de Cambridge dans l'imaginaire public.

En réponse au scandale, des réformes de renseignement étendues ont été mises en œuvre. Ces réformes visaient à augmenter la sécurité au sein des services de renseignement et à assurer une meilleure vérification et surveillance du personnel.

Les activités des Cinq de Cambridge ont entraîné une perte de confiance profonde au sein de la communauté du renseignement. Leur trahison a conduit à une approche plus prudente des opérations de renseignement et du recrutement.

Les Cinq de Cambridge sont devenus une partie de la mythologie et du folklore de l'espionnage. Leur histoire est souvent citée comme exemple de la façon dont les espions peuvent opérer à un niveau élevé et des défis que pose le contre-espionnage.

Leur héritage a marqué de manière durable l'histoire de l'espionnage. L'affaire des Cinq de Cambridge est considérée comme l'un des cas d'espionnage les plus significatifs et audacieux du XXe siècle, rappelant vivement la complexité et les dangers inhérents au monde de l'espionnage international.

- Amplifier - to amplify, to increase
- Bouleverser - to upset, to disrupt
- Consternation - dismay, consternation
- Défection - defection
- Dévoiler - to reveal, to unveil
- Échapper - to escape
- Enquête - investigation
- Exacerber - to exacerbate, to worsen
- Fuir - to flee, to escape
- Indignation - outrage, indignation
- Méfiance - distrust, suspicion
- Procédure - procedure, process
- Réévaluation - reassessment
- Répercussion - repercussion, impact
- Subtilité - subtlety
- Trahison - betrayal, treason
- Violation - violation, breach

Opération Ajax (1953)

Contexte de l'Opération Ajax

L'Opération Ajax, un événement marquant dans l'histoire des relations internationales et de l'espionnage, s'est déroulée en 1953 en Iran, un pays riche d'une histoire ancienne et de ressources précieuses, notamment le pétrole.

La figure centrale de cette opération était Mohammad Mossadegh, alors Premier ministre démocratiquement élu de l'Iran. Mossadegh était une personnalité remarquable, notamment en raison de sa décision de nationaliser l'industrie pétrolière iranienne. Son objectif était de mettre fin au contrôle des puissances étrangères, en particulier celui de la Grande-Bretagne, sur les précieuses ressources pétrolières de l'Iran.

La CIA, la Central Intelligence Agency des États-Unis, a dirigé l'Opération Ajax. Leur participation a été cruciale pour la planification et l'exécution de l'opération. Le Royaume-Uni a également joué un rôle important à travers son service secret, le MI6. L'implication de ces deux grandes puissances occidentales montre à quel point les enjeux et les répercussions internationales de l'opération étaient élevés.

Le contexte de l'Opération Ajax était la Guerre froide, une période de tensions considérables entre les puissances occidentales et l'Union soviétique. La peur de la propagation du communisme et les inquiétudes de l'Occident concernant les liens de l'Iran avec l'Union soviétique étaient grandes. La position stratégique de l'Iran et ses ressources pétrolières en faisaient un point focal de la Guerre froide.

Les intérêts occidentaux dans l'industrie pétrolière iranienne étaient un facteur clé dans la décision de lancer l'Opération Ajax. La nationalisation de l'industrie pétrolière par Mossadegh menaçait les intérêts économiques et l'influence de l'Occident dans la région.

L'Iran connaissait à cette époque une instabilité politique, ce qui offrait un terrain fertile pour une telle opération. Les divisions internes et le mécontentement au sein du pays permettaient aux puissances extérieures d'intervenir.

L'opération portait le nom de code "Opération Ajax" et comprenait des activités clandestines principalement menées par la CIA et le MI6. La planification et l'exécution de l'opération ont été tenues secrètes, et les techniques d'espionnage étaient très sophistiquées.

Les principaux objectifs des États-Unis et du Royaume-Uni étaient de renforcer l'influence occidentale en Iran et de sécuriser leurs intérêts dans l'industrie pétrolière. Cela était considéré comme essentiel pour maintenir leur pouvoir global et leurs intérêts économiques.

Un élément clé de l'opération était l'utilisation de la propagande pour retourner l'opinion publique contre Mossadegh. Cela a été fait pour justifier l'opération et affaiblir la position politique de Mossadegh.

Toute l'opération était enveloppée de secret. Le public, tant en Iran qu'internationalement, n'était pas au courant des actions clandestines de la CIA et du MI6. Ce secret était crucial pour le succès de l'opération et montrait la nature délicate de l'espionnage et de l'intervention étrangère à l'époque de la Guerre froide.

L'Opération Ajax est un exemple significatif d'ingérence étrangère dans les affaires d'une nation souveraine. Elle illustre la complexité de la politique internationale pendant la Guerre froide et montre jusqu'où les gouvernements étaient prêts à aller pour protéger leurs intérêts à l'étranger.

- Clandestin - clandestine, secret
- Démocratiquement - democratically
- Déstabiliser - to destabilize
- Divisions - divisions
- Élu - elected
- Enjeu - stake, issue
- Exécution - execution, implementation

- Focal - focal
- Implication - involvement
- Instabilité - instability
- Intervention - intervention
- Menace - threat
- Nationaliser - to nationalize
- Opinion publique - public opinion
- Propagande - propaganda
- Répercussions - repercussions
- Souverain - sovereign

Le Coup d'État et son Exécution

L'Opération Ajax, le coup d'État visant à renverser le Premier ministre iranien Mohammad Mossadegh, était une action complexe et multiforme qui s'est déroulée en plusieurs phases et a finalement conduit à des changements significatifs dans le paysage politique iranien.

La première tentative de coup d'État ne s'est pas déroulée comme prévu et a échoué. Cet échec initial n'a cependant pas découragé les conspirateurs; ils se sont réorganisés et ont modifié leur stratégie. Par la suite, des manifestations publiques contre Mossadegh ont été organisées. Ces manifestations faisaient partie du plan visant à créer une atmosphère de chaos et d'instabilité pour saper la position de Mossadegh et légitimer le coup d'État.

Un élément crucial du coup d'État était la participation de l'armée iranienne. L'armée a joué un rôle central dans l'exécution du coup d'État, ce qui a été déterminant pour son succès. Cette participation souligne les divisions internes au sein de l'establishment politique et militaire iranien.

Finalement, Mossadegh a été arrêté, marquant un tournant dans le coup d'État. Son arrestation était un objectif principal de l'Opération Ajax, car elle supprimait le plus grand obstacle au succès du coup d'État.

Grâce au coup d'État, le gouvernement dirigé par Mossadegh a été renversé avec succès. Cela a marqué un changement important dans la gouvernance iranienne et était le principal objectif de l'Opération Ajax.

Une des conséquences immédiates du coup d'État a été le retour au pouvoir du Shah. Le Shah, qui avait quitté le pays au plus fort des troubles, a été réinstallé en tant que dirigeant de l'Iran et a exercé son pouvoir avec une plus grande autorité.

La période du coup d'État a été marquée par d'importants troubles civils. Il y a eu de nombreuses manifestations et conflits, reflétant la profonde division de la société iranienne et l'ingérence controversée de l'étranger dans les affaires iraniennes.

Les agents de la CIA et du MI6 étaient activement présents en Iran pendant le coup d'État. Leur présence et leurs actions ont été cruciales pour la coordination et l'exécution de l'opération, illustrant l'ampleur de l'intervention étrangère.

La manipulation des médias a été l'une des stratégies clés pendant le coup d'État. Les conspirateurs ont manipulé les médias iraniens pour influencer l'opinion publique et diffuser de la propagande contre Mossadegh.

La corruption et les pots-de-vin ont également été utilisés pour obtenir un soutien pour le coup d'État. Ces tactiques visaient à assurer la loyauté de figures clés au sein de l'armée et du gouvernement iraniens.

La violence était une partie regrettable mais intégrale du coup d'État. Des affrontements violents ont eu lieu entre différentes factions, entraînant des victimes.

L'intervention internationale, en particulier de la part de la CIA et du MI6, a mis en lumière l'ampleur de l'ingérence étrangère dans la politique intérieure iranienne. Cela a eu des répercussions à long terme sur les relations de l'Iran avec l'Occident.

Le coup d'État a entraîné un changement fondamental dans le paysage politique iranien. Il a modifié l'équilibre des pouvoirs dans le pays et a préparé le terrain pour les développements politiques futurs.

Immédiatement après le coup d'État, des changements politiques significatifs ont eu lieu en Iran. Ceux-ci ont eu des répercussions importantes tant sur la politique intérieure que sur les relations internationales du pays.

Les réactions au coup d'État ont varié dans le monde entier. Alors que certains le considéraient comme une mesure nécessaire pour stabiliser l'Iran, d'autres y voyaient un exemple de l'ingérence impérialiste des puissances occidentales.

L'exécution de l'Opération Ajax et le renversement ultérieur du gouvernement de Mossadegh ont été des moments décisifs dans l'histoire de l'Iran. Ils ont eu des conséquences importantes non seulement pour l'Iran, mais aussi pour la dynamique de la politique internationale pendant la Guerre froide.

- Affrontement - confrontation
- Arrestation - arrest
- Chaos - chaos
- Conspirateur - conspirator
- Corruption - corruption
- Dérouler - to unfold, to take place
- Échec - failure
- Exécution - execution, implementation
- Ingérence - interference
- Manipulation - manipulation
- Multiforme - multifaceted
- Obstacles - obstacles
- Propagande - propaganda
- Réorganiser - to reorganize
- Répercussions - repercussions
- Stratégie - strategy
- Troubles - unrest, turmoil

Répercussions et Impacts à Long Terme

Les conséquences de l'Opération Ajax, le coup d'État orchestré par la CIA et les services secrets britanniques en Iran en 1953, ont eu des effets profonds et durables, tant en Iran que sur les relations internationales. L'héritage de ce coup d'État continue d'influencer les événements et les perceptions jusqu'à aujourd'hui.

Après le renversement réussi du Premier ministre Mohammad Mossadegh, le Shah d'Iran, Mohammad Reza Pahlavi, a repris le contrôle et a gouverné l'Iran pendant plusieurs décennies. Son règne, qui a duré jusqu'à la révolution iranienne de 1979, était caractérisé par une forte alliance avec l'Occident, en particulier avec les États-Unis.

Le coup d'État a eu des répercussions considérables sur les relations entre les États-Unis et l'Iran. Pour de nombreux Iraniens, le rôle des États-Unis dans le renversement d'un gouvernement démocratiquement élu a engendré un profond sentiment de trahison et de méfiance, qui continue d'affecter les relations entre les deux pays.

Le régime du Shah, après le coup d'État, a été particulièrement marqué par la répression politique. Le service de renseignement iranien, le SAVAK, est devenu célèbre pour ses méthodes brutales, incluant la censure, les arrestations, la torture et l'exécution des opposants politiques.

Un résultat important du coup d'État a été la restauration du contrôle occidental sur le pétrole iranien. C'était l'un des principaux objectifs du coup d'État, car Mossadegh avait nationalisé l'industrie pétrolière, ce qui avait nui aux intérêts pétroliers occidentaux.

L'opération a également entraîné une augmentation du sentiment anti-américain en Iran. De nombreux Iraniens ont perçu l'implication des États-Unis dans le coup d'État comme une ingérence impérialiste dans leurs affaires nationales, alimentant le ressentiment et la colère.

L'une des principales conséquences à long terme a été sa contribution à la révolution iranienne de 1979. La répression et les politiques du régime du Shah, renforcées par le coup d'État, ont joué un rôle clé dans l'essor de la révolution.

Plus tard, les détails de l'Opération Ajax ont été révélés, dévoilant l'ampleur de l'implication de la CIA et du Royaume-Uni. Ces révélations ont alimenté la controverse historique et sont devenues des sujets de débats et d'analyses.

L'opération est restée controversée dans les discussions historiques et soulève des questions sur l'éthique des interventions étrangères et le rôle des grandes puissances dans les affaires internes d'autres pays.

Les tactiques utilisées lors de l'Opération Ajax ont influencé les opérations clandestines futures de la CIA. Le succès du coup d'État est devenu un modèle pour des opérations similaires pendant la Guerre froide.

Les impacts du coup d'État sur la démocratie dans la région ont été significatifs. Il a affaibli les mouvements démocratiques en Iran et contribué au scepticisme envers la promotion de la démocratie par l'Occident.

L'opération a soulevé des questions sur le droit international et la légitimité de telles interventions étrangères, et a été évoquée dans les discussions sur la souveraineté et les relations internationales.

L'histoire de l'Opération Ajax a fait l'objet de plusieurs documentaires et livres, soulignant son importance et l'intérêt continu qu'elle suscite.

En Iran, l'héritage du coup d'État est profond et est considéré comme un moment décisif de l'histoire iranienne, ayant façonné le développement politique du pays et ses relations avec l'Occident.

À l'échelle mondiale, le coup d'État a influencé la politique de la Guerre froide et la dynamique internationale. Il montre comment les tensions de la Guerre froide se sont manifestées dans différentes régions du monde.

Enfin, l'Opération Ajax a renforcé la prise de conscience des ingérences étrangères dans les États souverains. Elle sert d'exemple dissuasif des conséquences à long terme de telles actions et souligne l'importance de respecter les normes internationales et la souveraineté nationale.

- Censure - censorship
- Débat - debate
- Dévoiler - to reveal, to unveil
- Effet - effect
- Engendrer - to generate, to create
- Ingérence - interference
- Légitimité - legitimacy
- Méfiance - mistrust
- Modèle - model, example
- Nationaliser - to nationalize
- Opposant - opponent
- Régime - regime
- Répression - repression
- Ressentiment - resentment
- Souveraineté - sovereignty
- Trahison - betrayal
- Torture - torture

Le Scandale du Watergate (1972)

Le Cambriolage et la Première Découverte

Le scandale du Watergate, un moment clé dans l'histoire de la politique américaine, a débuté en 1972. Au centre de ce scandale se trouvait un cambriolage au siège du Comité national démocrate (DNC), situé dans le complexe de bureaux du Watergate à Washington, D.C.

Dans un événement aux conséquences considérables, un groupe d'hommes s'est introduit par effraction dans le siège du DNC. Ce cambriolage n'était pas un simple vol, mais s'est rapidement révélé être une partie d'un complot bien plus vaste.

Au cœur du scandale se trouvait l'administration du président Richard Nixon. Alors que l'administration Nixon se préparait aux prochaines élections présidentielles, le cambriolage était lié à leurs efforts pour obtenir un avantage dans la course politique.

Le cambriolage a été rapidement découvert et les cambrioleurs ont été arrêtés sur les lieux. Cette arrestation a déclenché une série d'événements qui allaient aboutir à l'un des plus grands scandales politiques de l'histoire américaine.

Après le cambriolage, l'administration Nixon a d'abord tenté de dissimuler son implication. Ces tentatives de dissimulation allaient devenir un aspect crucial du scandale.

L'enquête sur le cambriolage a commencé par une action policière, mais cela ne s'est pas arrêté là. Des journalistes, en particulier ceux du Washington Post, ont commencé à creuser plus profondément et ont joué un rôle clé dans la révélation des détails du cambriolage.

Grâce à l'implication des médias, le public a été informé de l'affaire, et les efforts des reporters pour découvrir la vérité ont été essentiels pour dévoiler l'ampleur de l'implication de l'administration Nixon. Leur travail d'investigation a été crucial pour révéler l'étendue de l'affaire.

La révélation du cambriolage et de la possible implication de l'administration Nixon a conduit à des tensions politiques immédiates. Ces tensions se sont rapidement propagées des cercles politiques au grand public.

L'intérêt public pour l'affaire a rapidement grandi. La population américaine était très intéressée à comprendre l'ampleur de l'implication gouvernementale et les conséquences pour le système politique du pays.

Malgré les preuves croissantes, les responsables de l'administration Nixon ont d'abord nié toute implication. Ces dénégations ont été examinées de plus près au fur et à mesure que l'enquête progressait.

Le FBI a également commencé à enquêter sur le cambriolage, ajoutant une nouvelle dimension aux investigations. Leur implication indiquait la gravité de l'affaire et la possibilité d'importantes répercussions politiques.

L'un des aspects les plus spectaculaires du scandale a été la découverte des enregistrements secrets. Le président Nixon avait enregistré des conversations dans le bureau ovale, et ces bandes allaient jouer un rôle central dans les enquêtes.

Un comité sénatorial a été mis en place pour enquêter sur le scandale du Watergate. Le travail de ce comité a été crucial pour révéler au public les détails du cambriolage et des tentatives de dissimulation qui ont suivi.

Au cours des investigations, les premières révélations sur les liens entre le cambriolage et l'administration Nixon ont émergé. Ces révélations n'étaient que la partie visible de l'iceberg dans un scandale qui allait ébranler les fondements de la politique américaine.

Le cambriolage au siège du Comité national démocrate et la découverte initiale de l'implication de l'administration Nixon ont marqué le début d'un scandale politique complexe et de grande envergure. Ce scandale n'a pas seulement mis en question l'administration Nixon, mais a également eu un impact durable sur la vie politique aux États-Unis.

- Cambriolage - burglary
- Comité - committee
- Concevoir - to devise
- Conséquence - consequence
- Déclencher - to trigger
- Démissionner - to resign
- Dénégation - denial
- Détourner - to divert
- Effraction - breaking and entering
- Enquête - investigation
- Impliquer - to involve
- Indignation - outrage
- Perquisitionner - to search (a place)
- Prévoir - to foresee
- Répercussion - repercussion
- Révéler - to reveal
- Subtilité - subtlety

L'Escalade et l'Implication de Nixon

Alors que les enquêtes sur le scandale du Watergate s'approfondissaient, il devint évident que l'implication était bien plus vaste que ce qui avait été initialement soupçonné. La complexité du scandale commença à se déployer, révélant un réseau de fraude et d'activités illégales qui atteignait les plus hautes sphères de l'administration Nixon.

Les journalistes, en particulier ceux du Washington Post, ont joué un rôle crucial dans la révélation d'informations importantes sur le scandale. Des reporters comme Bob Woodward et Carl Bernstein ont poursuivi inlassablement leurs investigations, dévoilant des détails que les enquêtes officielles avaient négligés ou ignorés.

Les répercussions politiques du scandale étaient immenses. Il a bouleversé l'ensemble du paysage politique des États-Unis, jeté une ombre sur l'administration Nixon et soulevé de sérieuses questions sur l'intégrité du gouvernement.

Malgré les preuves accablantes, le président Nixon niait toujours toute implication dans le scandale. Cependant, ses dénégations étaient de plus en plus mises en doute à mesure que de nouvelles informations émergeaient.

Une percée majeure dans les enquêtes fut la découverte de la piste financière. Le financement du cambriolage du siège du DNC a été retracé jusqu'à l'administration Nixon, la liant directement au scandale.

Les enregistrements secrets de la Maison-Blanche, qui captaient des conversations dans le bureau ovale, devinrent centraux dans les investigations. On pensait que ces bandes contenaient des preuves cruciales de l'implication du président.

Les audiences sénatoriales sur le scandale du Watergate furent télévisées, attirant l'attention nationale. Les Américains suivirent les témoignages des principales figures du scandale à travers le pays.

Lors de ces témoignages, les preuves pointaient de plus en plus vers une implication directe du président Nixon dans la dissimulation. Des hauts responsables de son administration fournirent des aperçus critiques sur les actions de l'administration Nixon.

En conséquence, la confiance publique dans l'administration Nixon commença à s'effriter. La population américaine devenait de plus en plus méfiante envers le président et ses fonctionnaires, remettant en question leur honnêteté et leur intégrité.

La pression politique sur Nixon augmenta. Tant dans l'opinion publique que dans les cercles politiques, les appels à la responsabilité du président se firent de plus en plus pressants.

Finalement, Nixon fut contraint de publier certaines des bandes enregistrées à la Maison-Blanche. Ces publications furent considérées comme des moments clés dans les enquêtes, car elles pouvaient fournir des preuves directes de l'implication du président.

L'un des moments les plus dramatiques fut le "Massacre du samedi soir". Le président Nixon renvoya le procureur spécial Archibald Cox, qui menait l'enquête de manière agressive. Cette action suscita des accusations d'obstruction à la justice et d'abus de pouvoir.

La Chambre des représentants entama une procédure de destitution contre Nixon. Cette procédure soulignait la gravité du scandale et les conséquences potentielles pour le président.

Face à une destitution quasi certaine, le président Nixon finit par démissionner. Sa démission fut un moment historique, étant la première fois qu'un président américain démissionnait.

L'escalade du scandale du Watergate et l'implication de Nixon devinrent un moment décisif dans l'histoire politique américaine. Ils révélèrent des faiblesses dans le système politique et soulignèrent l'importance de la responsabilité et de la transparence au sein du gouvernement. Le scandale et la démission ultérieure de Nixon eurent des répercussions profondes sur la politique américaine et la perception publique de l'intégrité et de la responsabilité dans la gouvernance.

- Accabler - to overwhelm
- Bouleverser - to upset, to disrupt
- Cambriolage - burglary
- Capteur - recorder, sensor
- Déclencher - to trigger
- Déjouer - to thwart
- Dénégation - denial
- Dissimulation - concealment
- Effriter - to crumble, to erode
- Enquête - investigation
- Inlassable - tireless
- Méfiant - distrustful
- Percée - breakthrough
- Procédure - procedure
- Répercussion - repercussion

- Soupçonner - to suspect
- Témoin - witness

Répercussions et Héritage

Le scandale du Watergate, qui s'est terminé par la démission du président Richard Nixon, a laissé un héritage profond et durable dans l'histoire et la politique américaines.

La démission de Nixon à la suite du scandale du Watergate fut un moment historique. Il fut le premier président des États-Unis à démissionner, créant ainsi un précédent dans l'histoire politique américaine. Cette décision, vue comme une réponse à la pression écrasante et aux preuves accablantes contre lui, marqua un moment décisif pour la gouvernance de la nation.

Après le scandale, plusieurs responsables de l'administration Nixon durent faire face à des conséquences juridiques. Beaucoup furent condamnés pour leur rôle dans le cambriolage et la dissimulation qui s'ensuivit, soulignant les conséquences légales des fautes politiques.

Les répercussions politiques du scandale du Watergate furent considérables. Il transforma profondément le paysage politique américain et conduisit à une perte de confiance généralisée dans les responsables gouvernementaux et les institutions. Le scandale eut un impact durable sur la manière dont les Américains perçoivent leurs dirigeants et leur gouvernement.

Un résultat important du Watergate fut l'établissement du journalisme d'investigation. Les reporters jouèrent un rôle crucial dans la révélation du scandale, ce qui mena à une nouvelle appréciation de la presse en tant que gardienne des actions gouvernementales.

La méfiance du public envers la direction politique augmenta considérablement à la suite du scandale. Les événements du Watergate poussèrent de nombreux Américains à remettre en question l'intégrité et la responsabilité de leurs élus - un sentiment qui perdure dans le discours politique actuel.

Le scandale conduisit à des réformes des pratiques gouvernementales. Pour prévenir de futurs incidents similaires, de nouvelles lois et régulations furent introduites afin d'améliorer la transparence et la responsabilité au sein de l'administration.

L'influence du journalisme sur le scandale du Watergate consolida son rôle en tant que contrôle important du pouvoir gouvernemental. Le travail d'investigation de la presse dans la révélation du scandale renforça sa mission de surveillance et de reportage sur les actions gouvernementales.

Les normes éthiques en politique furent remises en question après le scandale. Le Watergate souleva des questions cruciales sur le comportement moral des politiciens et la nécessité de lignes directrices éthiques dans la pratique politique.

La surveillance par le Congrès fut renforcée après le scandale du Watergate. Celui-ci souligna la nécessité d'un solide système de freins et contrepoids au sein du gouvernement, ce qui mena à un contrôle et une surveillance accrus de la part du Congrès.

Un événement notable après le Watergate fut la grâce accordée à Nixon par le président Gerald Ford. Cette décision fut controversée et joua un rôle important dans l'héritage politique de Ford, étant vue par beaucoup comme une tentative de dépasser le scandale et de faire avancer le pays.

Les impacts culturels du Watergate furent considérables. Le terme "Watergate" entra dans le lexique culturel américain et devint synonyme de scandales politiques et de corruption.

Le scandale devint une référence pour les futurs scandales politiques. Les controverses politiques ultérieures furent souvent comparées au Watergate, devenu le standard des scandales politiques.

L'importance historique du Watergate est incontestée. Il reste l'un des plus grands scandales politiques de l'histoire des États-Unis et une étude critique de l'abus de pouvoir politique et des mécanismes pour traiter un tel abus dans une société démocratique.

Enfin, l'héritage du Watergate demeure constant dans le discours politique. Il reste un point de référence dans les discussions sur l'intégrité politique, l'abus de pouvoir et l'importance d'une presse libre. Les leçons tirées du Watergate continuent d'influencer la politique américaine et les attentes du public en matière de transparence et de responsabilité gouvernementale.

- Accablant - overwhelming
- Cachotterie - secretiveness
- Convoquer - to summon
- Déclencher - to trigger
- Démission - resignation
- Dépister - to track down
- Dissimulation - concealment
- Empreinte - imprint, mark
- Enchevêtré - tangled, intricate
- Falsifier - to falsify
- Inculper - to charge (with a crime)
- Inébranlable - unwavering
- Méfiance - distrust
- Précurseur - precursor
- Réformes - reforms
- Réprimer - to suppress
- Surveillance - oversight

La conspiration du tabac (XXe siècle)

Introduction à l'industrie du tabac

Le tabac est une plante que les humains utilisent pour fumer depuis des siècles. Une fois séché, il peut être fumé de différentes manières, par exemple dans des pipes, des cigares ou roulé dans du papier pour faire des cigarettes.

Au XXe siècle, c'est-à-dire de 1900 à 1999, fumer du tabac est devenu beaucoup plus populaire qu'auparavant. Une raison importante de cette popularité croissante était l'apparition des cigarettes, qui sont de petits rouleaux de papier remplis de tabac, faciles à transporter et à utiliser.

De nombreuses entreprises ont saisi cette opportunité et ont commencé à fabriquer leurs propres cigarettes. Ces entreprises sont devenues de grands acteurs importants et ont formé ensemble l'industrie du tabac. Cette industrie est devenue une partie importante de l'économie, car elle fabriquait des cigarettes et les vendait à de nombreuses personnes.

Une des raisons de la croissance de l'industrie du tabac était la publicité. On faisait la publicité des cigarettes partout : à la télévision, dans les magazines et sur de grands panneaux publicitaires. Ces publicités présentaient le tabagisme comme quelque chose de cool et de stylé et montraient souvent des personnes qui semblaient heureuses et réussies tout en fumant.

Même des stars de cinéma célèbres étaient montrées en train de fumer dans les films, rendant le tabagisme encore plus glamour et attrayant. Les gens voyaient ces stars fumer et voulaient les imiter.

Une autre raison de la popularité des cigarettes était leur prix abordable et leur disponibilité. Elles étaient disponibles dans de nombreux magasins et ne coûtaient pas très cher.

À cette époque, les risques pour la santé liés au tabagisme n'étaient pas encore largement reconnus. Il n'y avait pas d'avertissements sur les dangers, et fumer était pour beaucoup de gens une partie normale de la vie. Il était courant de voir des gens fumer dans les appartements, les bureaux et les lieux publics.

L'industrie du tabac est devenue très puissante grâce aux énormes profits tirés de la vente de cigarettes. Elle avait une grande influence et pouvait façonner l'opinion publique sur le tabagisme.

Au fur et à mesure que le tabagisme se répandait, les médecins et les scientifiques ont commencé à en savoir plus à ce sujet. Ils voulaient découvrir si fumer était vraiment sans danger. Avec l'augmentation de la recherche, ils ont réalisé que le tabagisme pourrait être nuisible à la santé. À ce stade, cependant, l'industrie du tabac était déjà très grande et puissante.

En résumé, le chapitre 1 montre comment l'industrie du tabac a grandi et est devenue une partie importante de la société. Il explique que fumer était populaire et considéré comme sûr, mais il laisse également entendre que cette perception a commencé à changer lorsque les médecins et les scientifiques ont commencé à étudier les effets du tabagisme.

- Abordable - affordable
- Conspiration - conspiracy
- Découvrir - to discover
- Économique - economic
- Entreprise - business, company
- Façonner - to shape
- Fumer - to smoke
- Influence - influence
- Léser - to harm
- Nuisible - harmful
- Perception - perception
- Populaire - popular
- Puissant - powerful
- Réussite - success
- Risque - risk
- Santé - health
- Sécher - to dry

Découverte des risques pour la santé

Dans ce chapitre, nous apprenons comment les résultats de la recherche ont montré que fumer peut être nocif pour la santé. Les scientifiques ont commencé à étudier le tabagisme de manière plus approfondie et ont découvert que fumer des cigarettes pouvait causer des problèmes de santé très graves.

L'une des plus grandes découvertes était que fumer pouvait causer le cancer du poumon. Le cancer du poumon est une maladie grave où les cellules des poumons se multiplient de manière incontrôlée. Elle peut rendre très malade et même conduire à la mort.

On a également établi un lien entre le tabagisme et les maladies cardiaques. Les maladies cardiaques comprennent des problèmes comme les crises cardiaques et les accidents vasculaires cérébraux, qui surviennent lorsque le cœur ne fonctionne plus correctement. Ce sont aussi des problèmes de santé très graves.

Cependant, le cancer du poumon et les maladies cardiaques n'étaient pas les seuls risques pour la santé. Les scientifiques ont découvert que fumer pouvait causer de nombreux autres problèmes, ce qui était particulièrement problématique car de nombreuses personnes fumaient.

Les femmes enceintes, qui attendaient un bébé, étaient conseillées de ne pas fumer. Des études ont montré que fumer pouvait nuire au fœtus. C'était un avertissement clair que fumer était plus dangereux que beaucoup ne le pensaient.

Une autre découverte importante concernait la fumée secondaire. La fumée secondaire est la fumée d'une cigarette inhalée par des personnes à proximité du fumeur. Cette fumée peut également nuire à la santé des non-fumeurs.

Avec la montée en puissance de ces informations, le public a commencé à s'inquiéter du tabagisme. Ils ont réalisé que fumer n'était pas aussi sûr qu'on le croyait.

Malgré ces préoccupations, de nombreuses personnes trouvent difficile d'arrêter de fumer. Les cigarettes peuvent créer une dépendance, c'est-à-dire qu'elles provoquent un sentiment de besoin. Arrêter de fumer peut être très difficile pour les personnes dépendantes.

L'industrie du tabac n'était pas d'accord avec ces résultats et niait que fumer soit nocif. Elle prétendait qu'il n'y avait aucune preuve des dommages à la santé causés par le tabagisme.

Pour soutenir leurs affirmations, l'industrie du tabac finançait ses propres recherches. Elle payait des études pour prouver que fumer n'était pas nocif, ce qui semait la confusion et le doute. Les gens ne savaient pas quoi croire.

Cependant, les gouvernements du monde entier ont pris conscience des risques liés au tabagisme. Ils ont pris en compte les résultats de la recherche et ont commencé à prendre des mesures pour protéger la santé des gens.

Dans de nombreux pays, la législation a commencé à changer pour réduire les dommages causés par le tabagisme. Ces lois visaient à protéger la santé des fumeurs et des non-fumeurs.

Ce chapitre montre comment les risques liés au tabagisme ont été découverts et comment cela a commencé à changer l'attitude des gens envers les cigarettes. Il met en lumière le conflit entre la recherche sur les risques pour la santé et le déni de ces risques par l'industrie du tabac. Il souligne également les débuts des mesures gouvernementales pour protéger la santé publique.

- Avertissement - warning
- Cancer - cancer
- Cœur - heart
- Conduire - to lead to
- Dépendance - addiction
- Enceinte - pregnant
- Étudier - to study
- Fœtus - fetus
- Grave - serious
- Inhaler - to inhale

- Législation - legislation
- Multiplier - to multiply
- Nier - to deny
- Nocif - harmful
- Preuve - proof
- Problématique - problematic

La conspiration du tabac

Dans ce chapitre, nous abordons ce qui est connu sous le nom de conspiration du tabac. Il s'agit d'une grande révélation sur l'industrie du tabac, c'est-à-dire le groupe d'entreprises qui fabriquent et vendent des cigarettes.

Il a été révélé que l'industrie du tabac était informée des risques du tabagisme. Elle savait que fumer pouvait provoquer des maladies comme le cancer et des problèmes cardiaques, mais elle n'en a pas informé le public.

Au lieu de révéler la vérité sur le tabagisme et la santé, l'industrie a caché ses connaissances et ne les a pas partagées avec les personnes qui achetaient et fumaient des cigarettes. Ce silence et cette dissimulation de la vérité sont appelés la conspiration du tabac. C'était un plan délibéré de l'industrie du tabac pour continuer à vendre des cigarettes sans informer les gens des risques.

Finalement, des documents internes de l'industrie du tabac ont été divulgués. Ces documents ont révélé les secrets de l'industrie et ont prouvé qu'elle connaissait les risques pour la santé liés au tabagisme.

L'industrie du tabac a induit le public et les gouvernements en erreur. Avec leur publicité, ils présentaient le tabagisme comme sûr et désirable, bien qu'ils connaissaient les dangers.

Par conséquent, des poursuites ont été engagées contre les entreprises de tabac. Ces poursuites ont été intentées parce qu'il était estimé que l'industrie avait menti et causé des dommages.

Beaucoup de gens se sont sentis trahis et étaient en colère. Ils avaient fait confiance à l'industrie du tabac et se sentaient désormais abandonnés.

En réponse, les gouvernements du monde entier ont renforcé les réglementations sur la consommation de tabac. Ces réglementations ont été mises en place pour contrôler la vente et la publicité des cigarettes.

L'un des changements les plus importants a été l'interdiction de fumer dans les lieux publics. Cette interdiction a été introduite pour protéger les gens de la fumée passive.

Les emballages de cigarettes ont également dû être modifiés. Ils devaient maintenant inclure des avertissements sanitaires pour informer les gens des risques du tabagisme.

Grâce à toutes ces mesures, le nombre de fumeurs a commencé à diminuer. Plus de gens ont cessé de fumer, et moins de personnes ont commencé à fumer.

Des programmes de sensibilisation ont été lancés pour avertir des risques du tabagisme. Ces programmes visaient à faire prendre conscience des dangers du tabagisme, surtout aux jeunes.

L'image de l'industrie du tabac a subi des dommages considérables. Après la conspiration du tabac, beaucoup de gens ont vu l'industrie sous un jour négatif.

La lutte contre le tabagisme continue encore aujourd'hui. De nombreuses personnes et groupes continuent de travailler pour réduire le tabagisme et protéger la santé des gens. Ce chapitre montre comment la découverte de la conspiration du tabac a conduit à des changements significatifs dans la perception et la réglementation du tabagisme. Il souligne l'importance de la transparence et de l'honnêteté dans l'industrie et montre combien il est crucial d'informer le public sur les risques des produits.

- Aborder - to address, to tackle
- Avertissement - warning
- Consommation - consumption

- Conspiration - conspiracy
- Délibéré - deliberate
- Divulguer - to disclose
- Dommage - damage
- Emballage - packaging
- Induire - to mislead
- Interdiction - ban
- Intenté - filed (as in a lawsuit)
- Maladie - illness
- Poursuite - lawsuit
- Provoquer - to cause
- Révéler - to reveal
- Sensibilisation - awareness
- Trahir - to betray

L'affaire Iran-Contra (années 1980)

Contexte et origines

L'affaire Iran-Contra a été un événement majeur des années 1980 et a représenté un grand scandale politique. Cet événement s'est déroulé aux États-Unis et a impliqué deux autres pays : l'Iran et le Nicaragua.

À cette époque, l'Iran était engagé dans une guerre avec l'Irak, un conflit qui concernait également les États-Unis. Les États-Unis avaient une règle stricte interdisant la vente d'armes à l'Iran, car ils ne voulaient pas soutenir l'Iran dans sa guerre.

Parallèlement, il y avait au Nicaragua un groupe appelé les Contras, qui luttait contre le gouvernement en place. Le gouvernement américain, dirigé par le président et d'autres politiciens influents, voulait aider les Contras, car ils pensaient que cela servait leurs intérêts dans la région.

Cependant, un problème se posait : le Congrès américain avait considérablement limité le soutien financier aux Contras. Le gouvernement ne pouvait donc pas leur fournir ouvertement des fonds ou une aide importante.

En conséquence, le gouvernement américain a cherché des moyens secrets pour soutenir les Contras sans informer le Congrès ni le public. Des hauts responsables américains ont élaboré un plan secret visant à vendre clandestinement des armes à l'Iran, bien que cela contrevienne à la règle en vigueur.

Le cœur de ce plan secret était d'utiliser les revenus de la vente d'armes à l'Iran pour soutenir les Contras au Nicaragua. Ainsi, ils pouvaient aider les Contras sans utiliser directement de l'argent du budget américain.

Cependant, ce plan contrevenait aux lois et à la politique américaines, qui stipulent que le gouvernement ne peut pas mener certaines actions, comme la vente d'armes à certains pays, sans en informer le Congrès.

Toute l'affaire a été gardée secrète. Ni le public américain ni le Congrès, qui auraient dû être informés de ces actions, n'en étaient au courant.

En résumé, le chapitre 1 explique comment l'affaire Iran-Contra a commencé. Il traite de la situation en Iran et au Nicaragua, de l'intérêt du gouvernement américain pour ces pays et du plan secret qui violait leurs propres lois. Cela constitue la base pour comprendre les événements complexes qui ont suivi ce scandale politique.

- Clandestinement - secretly
- Concerner - to concern, to involve
- Contrevenir - to contravene, to break (a law)
- Dérober - to steal, to evade
- Élaboration - development, elaboration
- Engagé - involved, committed
- Impliquer - to involve, to implicate
- Influence - influence
- Lutter - to struggle, to fight
- Mener - to lead, to conduct
- Origine - origin, source
- Parallèlement - simultaneously, in parallel
- Politique - policy, politics
- Régle - rule, regulation
- Revenu - revenue, income
- Soutien - support
- Violation - violation

Exécution et découverte

L'affaire Iran-Contra est entrée dans une phase décisive avec les ventes secrètes d'armes à l'Iran. Ces ventes étaient inhabituelles et ont été menées de manière strictement confidentielle, de sorte que seules quelques personnes en étaient informées. L'objectif était que personne, en particulier le Congrès américain et le public, ne découvre ces transactions.

L'une des raisons de la décision des États-Unis de vendre secrètement des armes à l'Iran était l'espoir d'obtenir un soutien pour la libération des otages américains au Liban, détenus par des groupes liés à l'Iran.

Les revenus des ventes d'armes à l'Iran n'étaient pas utilisés pour des fins ordinaires, mais étaient secrètement transférés aux Contras au Nicaragua. Cela constituait une partie centrale du plan, bien que cela contrevienne aux lois américaines. Le Congrès américain, qui aurait dû être informé de telles actions, n'en savait rien.

La vente d'armes et le soutien aux Contras étaient complexes et risqués, impliquant de nombreuses transactions secrètes et mouvements d'argent et d'armes, et étaient si secrets que seuls quelques membres du gouvernement américain connaissaient tous les détails.

Cependant, la confidentialité ne pouvait pas être maintenue éternellement. Finalement, les ventes secrètes d'armes ont été révélées, d'abord rapportées par un magazine libanais. Ce rapport a conduit à la diffusion rapide des nouvelles dans les médias mondiaux, ce qui a été un choc pour beaucoup.

Le public américain a été particulièrement consterné, n'ayant aucune connaissance de telles activités secrètes et illégales de son gouvernement.

Pour clarifier ce qui s'était passé, des enquêtes ont été lancées. Pendant ces enquêtes, certains documents importants ont été détruits pour dissimuler les actions des personnes impliquées.

Les figures clés ont également tenté de cacher leur implication dans le scandale. L'affaire Iran-Contra est devenue un sujet majeur dans les médias et a déclenché des discussions et des débats dans le monde entier.

En résumé, le chapitre 2 traite de la manière dont le plan secret a été exécuté et ensuite découvert. Il aborde les ventes secrètes d'armes à l'Iran, le soutien aux Contras, le choc du public à la découverte, le début des enquêtes et les tentatives des principales figures de dissimuler leur implication. Le chapitre met en lumière la complexité et l'ampleur du scandale lorsqu'il a été révélé au public.

- Aborder - to address, to tackle
- Confidentialité - confidentiality
- Consterné - dismayed
- Détruire - to destroy
- Diffusion - dissemination
- Dissimulation - concealment
- Enquête - investigation
- Illégal - illegal
- Impliquer - to involve
- Libération - release
- Maintenir - to maintain
- Révéler - to reveal
- Risqué - risky
- Soutien - support
- Transaction - transaction
- Transférer - to transfer
- Vente - sale

Scandale Enron (2001)

Introduction à Enron et au scandale

Enron était une très grande et importante entreprise aux États-Unis, active dans le secteur de l'énergie. Elle commerçait avec des ressources telles que l'électricité et le gaz naturel, essentiels pour l'approvisionnement en énergie des ménages et des entreprises.

En 2001, Enron a acquis une triste renommée à cause d'un grand scandale. Un scandale survient lorsque le public découvre qu'une entreprise ou une personne a commis des actes non éthiques ou illégaux.

Au cœur du scandale se trouvait l'accusation de fraude comptable. La comptabilité est la méthode par laquelle les entreprises documentent leurs finances - leurs revenus et dépenses. La fraude désigne toute forme de tromperie ou d'action malhonnête. La fraude comptable survient lorsqu'une entreprise donne de fausses informations sur sa situation financière.

Enron avait frauduleusement embelli sa situation financière. Grâce à des astuces comptables complexes, l'entreprise présentait ses finances sous un jour meilleur qu'elles ne l'étaient réellement. Ces astuces incluaient le déplacement de fonds et la présentation trompeuse des revenus.

Beaucoup de gens faisaient confiance à Enron, car c'était une grande entreprise apparemment prospère. Le cours de l'action Enron était très élevé, ce qui signifiait que les actions de l'entreprise étaient très demandées en bourse.

Enron jouissait non seulement de la confiance, mais était également admirée et récompensée dans le monde des affaires. Elle était considérée comme une leader dans son secteur, ce qui incitait encore plus de gens à vouloir investir dans Enron.

Cependant, en coulisses, Enron avait de sérieux problèmes financiers. Ceux-ci étaient toutefois d'abord gardés secrets, et peu de gens étaient au courant de la véritable situation.

Le scandale Enron est devenu l'un des plus grands de l'histoire économique. L'histoire économique s'intéresse au développement des entreprises et à leur ascension ou leur déclin. Le scandale Enron a acquis une notoriété mondiale et est devenu un symbole de la fraude d'entreprise au 21e siècle. Il illustre comment une grande entreprise peut gravement enfreindre les lois et les principes éthiques.

Le chapitre 1 présente Enron, une entreprise énergétique autrefois leader, et retrace son chemin vers l'un des plus grands scandales de fraude comptable de l'histoire. Il examine les pratiques frauduleuses de l'entreprise et comment celles-ci, bien qu'initialement cachées, ont conduit à l'un des scandales économiques les plus infâmes de l'histoire récente.

- Accusation - accusation
- Approvisionnement - supply
- Ascension - rise
- Astuces - tricks
- Coulisses - behind the scenes
- Décliner - to decline
- Déplacement - shifting
- Économie - economy
- Embellir - to embellish
- Enfreindre - to break (a law)
- Fraude - fraud
- Notoriété - notoriety
- Prospère - prosperous
- Renommée - fame
- Secteur - sector
- Symbole - symbol
- Tromperie - deception

La chute d'Enron

En 2001, un événement majeur s'est produit : la vérité sur Enron a été révélée. Cela signifie que les gens ont commencé à comprendre ce qui se passait réellement dans l'entreprise.

Un journaliste, c'est-à-dire quelqu'un qui recherche des informations et en rend compte, ainsi que d'autres personnes ont commencé à poser des questions sur Enron. Ils voulaient savoir plus précisément comment l'entreprise gagnait son argent.

En y regardant de plus près, ils ont découvert que les bénéfices d'Enron n'étaient pas réels. Les bénéfices sont l'argent qu'une entreprise gagne après avoir déduit tous les coûts. Cependant, les bénéfices d'Enron étaient inventés, comme une histoire mensongère.

En réalité, l'entreprise avait d'énormes dettes. Les dettes sont l'argent que l'on doit à d'autres. Enron était beaucoup plus endettée qu'elle n'avait de patrimoine, ce qui posait un problème grave.

Les dirigeants d'Enron, c'est-à-dire les personnes qui géraient l'entreprise, avaient menti pendant des années pour maintenir le cours de l'action élevé. Un cours de l'action élevé suggère qu'une entreprise est prospère et précieuse.

Cependant, lorsque le scandale a éclaté, le cours de l'action a chuté. Une chute du cours signifie que le prix des actions baisse très rapidement. Les actions d'Enron ont perdu beaucoup de valeur en très peu de temps.

Pour les personnes qui avaient investi dans Enron, cet effondrement a été dévastateur. Investir signifie placer de l'argent dans l'espoir d'en gagner plus. Avec l'effondrement, ces investisseurs ont perdu une grande partie de leur argent.

La situation a également eu de graves conséquences pour de nombreux employés d'Enron. Beaucoup ont perdu leur emploi et, par conséquent, leur épargne-retraite, c'est-à-dire l'argent qu'ils avaient mis de côté pour leurs vieux jours. Cette perte a été un lourd fardeau pour beaucoup.

Le scandale a secoué le monde des affaires et a montré que même les grandes entreprises apparemment fiables peuvent être malhonnêtes. Être malhonnête signifie ne pas dire la vérité.

La situation s'est tellement détériorée qu'Enron a déposé le bilan en décembre 2001. Déposer le bilan signifie qu'une entreprise déclare officiellement qu'elle ne peut pas payer ses dettes. C'est comme dire : "Nous n'avons plus d'argent."

La demande de mise en faillite était particulièrement remarquable parce qu'Enron était une entreprise si grande et connue. Elle a montré que même les grandes entreprises peuvent rencontrer de gros problèmes et échouer.

En résumé, le chapitre 2 montre comment la vérité sur la situation financière d'Enron a été révélée et a conduit à sa chute dramatique. Il décrit la découverte des dettes élevées et de la fraude comptable, la chute du cours de l'action, les pertes considérables pour les investisseurs et les employés, ainsi que la faillite de l'entreprise qui a suivi. Le chapitre met en lumière l'ampleur du scandale et ses impacts sur la vie de nombreuses personnes.

- Bénéfices - profits
- Chute - fall
- Dévoiler - to reveal
- Dirigeants - leaders, managers
- Effondrement - collapse
- Épargne-retraite - retirement savings
- Faillite - bankruptcy
- Fardeau - burden
- Investir - to invest
- Journaliste - journalist
- Mensonger - deceitful, false
- Patrimoine - assets
- Prospère - prosperous
- Réel - real, genuine
- Révélé - revealed
- Tromperie - deceit, trickery
- Valeur - value

Répercussions et impacts

Le scandale Enron a eu des répercussions considérables. Il a changé la perception des gens vis-à-vis des grandes entreprises dans le monde entier. Avant le scandale, beaucoup croyaient que les grandes entreprises agissaient généralement de manière honnête et correcte. Après le scandale, les gens ont commencé à remettre en question cette confiance et sont devenus plus sceptiques.

En raison du scandale, de nouvelles lois ont été introduites pour prévenir des fraudes similaires. La fraude désigne la tromperie des autres pour son propre avantage. Ces nouvelles lois visaient à s'assurer que les entreprises fournissent des informations honnêtes sur leurs finances.

L'une des lois les plus importantes de ces nouvelles réglementations était le Sarbanes-Oxley Act, introduit aux États-Unis. Cette loi exigeait des entreprises des directives financières plus strictes et une transparence accrue dans leurs rapports financiers.

La société de comptabilité Arthur Andersen a joué un rôle central dans le scandale Enron. Elle était censée vérifier les rapports financiers d'Enron, mais n'a pas rempli ses obligations correctement. En raison de son inconduite, Arthur Andersen a été sanctionnée et a finalement perdu ses activités, car la confiance dans la firme était perdue.

De nombreuses personnes impliquées dans le scandale ont dû répondre de leurs actes devant la justice. Certains dirigeants d'Enron ont été reconnus coupables et ont dû purger des peines de prison.

Le scandale a conduit à un renforcement du contrôle des pratiques comptables. Ces mesures visaient à s'assurer que les entreprises rapportent correctement leurs finances et évitent la fraude.

L'importance de l'éthique des entreprises a été davantage mise en lumière par le scandale. L'éthique des entreprises concerne les principes moraux dans le monde des affaires et joue un rôle crucial pour guider les entreprises vers un comportement honnête.

Le scandale Enron est désormais étudié dans les écoles de commerce pour sensibiliser les futurs dirigeants d'entreprises aux conséquences des comportements non éthiques.

Le scandale Enron sert d'avertissement contre la cupidité et la malhonnêteté dans le monde des affaires. Il montre les conséquences négatives qui peuvent découler lorsque les entreprises sont guidées par ces pulsions négatives. Ces leçons sont importantes pour tous les acteurs du monde économique et ne doivent pas être oubliées.

- Avertissement - warning
- Comptabilité - accounting
- Conséquences - consequences
- Coupable - guilty
- Cupidité - greed
- Dirigeant - leader, executive
- Éthique - ethics
- Inconduite - misconduct
- Inculper - to charge (with a crime)
- Innocenter - to exonerate
- Purger - to serve (a sentence)
- Rapporter - to report
- Réglementation - regulation
- Renforcement - strengthening
- Sanctionner - to sanction
- Sceptique - skeptical
- Transparence - transparency

Le scandale des émissions chez Volkswagen (2015)

Introduction au scandale des émissions de Volkswagen

En 2015, Volkswagen, une entreprise automobile allemande renommée, a été confrontée à un problème majeur. Il ne s'agissait pas de défauts techniques ou de problèmes de sécurité des véhicules, mais d'un incident connu sous le nom de scandale des émissions de Volkswagen.

Au cœur du scandale se trouvaient les véhicules diesel de Volkswagen. Les véhicules diesel, qui fonctionnent avec du carburant diesel, se distinguent des voitures à essence et sont souvent considérés comme plus efficaces, en particulier pour les longs trajets.

Il s'est avéré que Volkswagen avait triché lors des tests d'émissions. Les émissions sont les gaz rejetés par le pot d'échappement du véhicule et peuvent être nuisibles à l'environnement. Les tests d'émissions vérifient la quantité de gaz rejetés par une voiture pour s'assurer qu'elle respecte les normes légales.

Cependant, Volkswagen avait installé un logiciel spécial dans ses véhicules diesel. Ce logiciel détectait quand le véhicule était soumis à un test d'émissions et modifiait alors le fonctionnement du moteur pour réduire artificiellement les émissions. Ainsi, les véhicules semblaient plus écologiques lors des tests qu'ils ne l'étaient réellement.

Le problème était que ces ajustements n'étaient actifs que pendant les tests. En utilisation normale sur la route, ces systèmes écologiques n'étaient pas utilisés, ce qui faisait que les véhicules émettaient beaucoup plus de polluants que ce qui était indiqué lors des tests.

De nombreuses personnes avaient acheté ces véhicules diesel Volkswagen en croyant qu'ils étaient respectueux de l'environnement. La révélation de la fraude a choqué les gens du monde entier et a remis en question la confiance envers l'entreprise.

Le scandale a soulevé de graves questions sur l'intégrité des grandes entreprises, en particulier en ce qui concerne la protection de l'environnement.

Le chapitre 1 donne un aperçu du scandale des émissions de Volkswagen et explique comment l'entreprise a utilisé un logiciel spécial pour tromper lors des tests d'émissions. Cette pratique a induit en erreur les clients et les autorités sur la véritable performance environnementale des véhicules diesel, et a eu des conséquences mondiales importantes, tant en ce qui concerne la confiance des gens envers Volkswagen que les préoccupations environnementales.

- Ajustements - adjustments
- Carburant - fuel
- Confiance - trust
- Détecter - to detect
- Écologique - ecological
- Émissions - emissions
- Environnement - environment
- Fraude - fraud
- Induire - to mislead
- Intégrité - integrity
- Normes - standards
- Nuisible - harmful
- Polluants - pollutants
- Révélation - revelation
- Système - system
- Trajets - journeys
- Tricher - to cheat

Découverte et Réaction au Scandale des Émissions de Volkswagen

Le scandale des émissions de Volkswagen n'a pas été découvert par l'entreprise elle-même, mais par des chercheurs aux États-Unis.

Ces chercheurs ont constaté des différences significatives entre les valeurs d'émissions des véhicules Volkswagen lors des tests et les gaz réellement émis en conduite sur route.

Au début, Volkswagen a nié avoir fait quelque chose de mal. Ils ont rejeté les accusations et nié avoir utilisé un logiciel de triche dans leurs voitures. Ce genre de démenti est typique lorsque des entreprises sont accusées de méfaits.

Cependant, à mesure que de plus en plus de preuves apparaissaient, Volkswagen a finalement dû admettre avoir utilisé un logiciel spécial dans les véhicules diesel pour manipuler les tests d'émissions. Cette fraude a touché des millions de voitures dans le monde entier.

Après la révélation du scandale, le cours des actions de Volkswagen a chuté de manière spectaculaire. Les investisseurs ont perdu confiance en l'entreprise, ce qui a conduit à des pertes financières importantes.

Les clients qui avaient acheté des voitures Volkswagen se sont sentis trompés et étaient en colère. Ils croyaient avoir acquis des véhicules respectueux de l'environnement, mais ils ont été dupés. Cela a conduit à un sentiment de trahison.

Dans le monde entier, les gouvernements ont lancé des enquêtes contre Volkswagen pour en savoir plus sur les fraudes et leurs origines. Ces enquêtes étaient importantes pour s'assurer que les entreprises respectaient les règles.

Volkswagen a dû rappeler de nombreux véhicules pour retirer le logiciel manipulateur et ajuster les voitures aux normes légales d'émissions.

L'entreprise a également été condamnée à de lourdes amendes. Celles-ci visaient non seulement à punir Volkswagen pour la fraude, mais aussi à dissuader d'autres entreprises de faire de même.

La réputation de Volkswagen a été gravement endommagée. Une bonne réputation est cruciale pour une entreprise, et la reconquête de la confiance peut prendre beaucoup de temps.

Le scandale a également conduit à des vérifications accrues d'autres constructeurs automobiles et à une prise de conscience accrue des problèmes liés aux émissions des véhicules.

L'honnêteté des constructeurs automobiles a été davantage mise en doute. Les gens ont commencé à se demander s'ils pouvaient faire confiance aux déclarations des fabricants concernant leurs véhicules.

Finalement, le scandale a entraîné des tests d'émissions et des réglementations plus stricts. Ces nouvelles règles ont été mises en place pour garantir une vérification plus précise des niveaux d'émissions et pour prévenir la fraude lors de ces tests.

- Accusation - accusation
- Amende - fine
- Chuter - to fall
- Conduite - driving
- Constater - to notice
- Démenti - denial
- Dissuader - to deter
- Duper - to deceive
- Enquête - investigation
- Manipuler - to manipulate
- Méfait - wrongdoing
- Normes - standards
- Preuve - evidence
- Rappeler - to recall (products)
- Réputation - reputation
- Tromper - to deceive
- Vérification - inspection

Impacts à Long Terme et Engagement Politique

Le scandale des émissions chez Volkswagen a eu des conséquences durables qui ont touché bien au-delà de l'entreprise, impactant l'ensemble de l'industrie automobile et influençant même les discussions politiques et la législation.

Volkswagen a dû repenser fondamentalement sa méthode de production. La perte de confiance du public a rendu nécessaires des changements significatifs, en particulier une focalisation accrue sur le développement de véhicules électriques, considérés comme une alternative plus respectueuse de l'environnement.

La confiance dans la technologie diesel a été gravement affectée par le scandale. Beaucoup de gens ont commencé à voir le diesel comme une option moins attrayante et ont cherché des alternatives pour la motorisation de leurs véhicules.

Les gouvernements du monde entier ont réagi au scandale en accordant une attention accrue à la législation environnementale. Ils ont reconnu l'importance de réglementations strictes pour protéger l'environnement des émissions nocives.

Certains pays ont même prévu d'interdire les voitures diesel à long terme, signalant ainsi un fort engagement envers des méthodes de transport plus propres et durables.

Le scandale a également influencé les débats politiques sur les questions environnementales. Les politiciens et les décideurs ont discuté des mesures à prendre pour prévenir des incidents similaires et ont souligné la nécessité de réglementations strictes et d'une surveillance pour garantir l'honnêteté des entreprises.

Des questions ont été soulevées sur le rôle des gouvernements dans la surveillance de l'industrie automobile. La discussion portait sur la capacité des gouvernements à contrôler efficacement le comportement des entreprises, notamment en ce qui concerne les émissions et les impacts environnementaux.

En conséquence, de nombreux pays ont introduit des réglementations plus strictes sur les tests d'émissions pour empêcher la répétition d'un incident similaire à celui de Volkswagen.

Le scandale a souligné la nécessité de transparence et d'honnêteté dans les pratiques commerciales, en particulier en ce qui concerne les impacts environnementaux.

Le rôle du leadership politique dans la régulation de l'industrie a été intensément débattu. Il s'agissait de trouver le bon équilibre entre contrôle et supervision des grandes entreprises par les gouvernements, sans trop restreindre leur liberté d'action.

La perte de confiance des consommateurs envers les grandes marques a été mise en évidence par le scandale. Les gens ont commencé à se demander s'ils pouvaient faire confiance aux déclarations des grandes entreprises concernant leurs produits et leurs impacts environnementaux.

En conclusion, le scandale Volkswagen a mené à une discussion mondiale sur le transport durable et a incité les gens à réfléchir aux impacts environnementaux des moyens de transport et aux améliorations possibles.

Le scandale des émissions de Volkswagen reste un exemple frappant de la responsabilité des entreprises. Il illustre les obligations que les entreprises ont envers le public, l'environnement et les pratiques commerciales éthiques, et montre les conséquences que des comportements frauduleux peuvent entraîner.

- Accorder - to grant
- Alternative - alternative
- Comportement - behavior
- Conséquence - consequence
- Débattre - to debate
- Développement - development
- Durable - sustainable
- Environnemental - environmental
- Fondamentalement - fundamentally
- Impact - impact
- Interdire - to ban

- Législation - legislation
- Motorisation - motorization
- Nécessaire - necessary
- Répercussion - repercussion
- Surveillance - monitoring
- Transparence - transparency

La Conspiration Financière Cum-Ex

Comprendre le Cum-Ex

Le Cum-Ex était un système financier complexe qui a dérouté de nombreuses personnes. C'était comme un casse-tête compliqué dans le monde des finances, où il s'agissait de la gestion de l'argent, particulièrement par les grandes entreprises et les gouvernements.

Ce système reposait sur deux éléments essentiels : les actions et les dividendes. Les actions sont des parts d'une entreprise, et les dividendes sont une sorte de récompense pour la détention de ces actions, distribuée lorsqu'une entreprise réalise un profit.

La particularité du Cum-Ex résidait dans l'exploitation des failles des lois fiscales. Les lois fiscales définissent combien d'impôts les particuliers et les entreprises doivent payer. Les failles sont des lacunes dans ces lois qui permettent de contourner le paiement des impôts.

Le Cum-Ex permettait d'obtenir des remboursements d'impôts doubles sur les dividendes. Un remboursement double signifie récupérer plus d'argent que ce que l'on devrait normalement recevoir.

Le Cum-Ex a été particulièrement utilisé en Allemagne, un pays connu pour sa forte économie et ses règles strictes. Les banques et les investisseurs étaient principalement impliqués dans le Cum-Ex. Ils utilisaient le commerce rapide des actions pour mettre en œuvre ce plan.

Les transactions avaient lieu précisément au moment où les dividendes étaient versés, ce qui rendait difficile de savoir à qui appartenaient les actions. Par conséquent, il était également difficile de déterminer qui devait recevoir le remboursement d'impôt.

L'objectif du Cum-Ex était d'obtenir de manière malhonnête des remboursements d'impôts, ce qui a entraîné des pertes fiscales considérables pour les gouvernements.

Au début, le Cum-Ex était considéré comme légal, mais à mesure que le système était mieux compris, il a été classé comme illégal. Cette transition de légal à illégal montre la complexité et la sophistication du système Cum-Ex.

Chapitre 1

Le chapitre 1 explique les principes de base du système Cum-Ex, l'implication des actions et des dividendes, l'exploitation des failles du droit fiscal et les remboursements d'impôts doubles illégaux qui en résultent. Il met également en lumière le rôle des banques et des investisseurs ainsi que les pertes significatives de revenus pour l'État causées par ce système.

- Actions - shares
- Casse-tête - puzzle
- Contourner - to bypass
- Déterminer - to determine
- Dividendes - dividends
- Dérouté - confused
- Exploitation - exploitation
- Failles - loopholes
- Fiscal - tax-related
- Illégal - illegal
- Investisseurs - investors
- Lacunes - gaps
- Légal - legal
- Malhonnête - dishonest
- Remboursement - reimbursement
- Sophistication - sophistication
- Transactions - transactions

Découverte et Réaction

L'histoire de la conspiration Cum-Ex, un secret bien gardé dans le monde de la finance, a finalement été révélée. Les autorités chargées de faire respecter la loi ont découvert le système, notamment en Allemagne, où le Cum-Ex était le plus souvent utilisé.

Les médias, y compris les journaux, les informations télévisées et les sites web, ont commencé à rendre compte de ces activités illégales. Les gens ont été surpris et choqués d'apprendre l'ampleur de la fraude. La fraude signifie tromper quelqu'un pour en tirer un avantage personnel.

De nombreuses banques et traders impliqués dans l'achat et la vente d'actions étaient partie prenante dans ce système. Ils ont dû faire face à des conséquences juridiques, ce qui signifie qu'ils pouvaient être poursuivis en justice et potentiellement condamnés à des amendes.

Lorsque le gouvernement allemand a pris conscience de l'ampleur des problèmes causés par le Cum-Ex, il a décidé d'agir et a modifié les lois fiscales pour combler les failles exploitées.

Certaines des banques impliquées dans le Cum-Ex ont été obligées de restituer les gains illégitimes obtenus. Cela représentait une forme de réparation pour l'acquisition d'argent de manière non éthique.

D'autres pays ont également commencé à vérifier si des fraudes similaires avaient eu lieu chez eux, afin de prévenir d'éventuelles pertes financières.

Le scandale a conduit à des discussions sur l'efficacité des réglementations financières et sur la nécessité de les renforcer.

Des politiciens, dont Olaf Scholz en Allemagne, ont été interrogés sur leur connaissance et leurs actions concernant le Cum-Ex. Le public voulait savoir si les politiciens étaient au courant de ces manœuvres et s'ils avaient pris des mesures contre elles.

Il y a eu des enquêtes sur la possible implication de politiciens dans le système Cum-Ex et leur rôle dans sa facilitation ou son ignorance.

Tout cela a conduit à des appels en faveur d'une supervision financière plus stricte pour s'assurer que les banques et les traders ne puissent plus commettre de telles fraudes.

En résumé, le chapitre 2 traite de la découverte du système Cum-Ex et des développements qui ont suivi. Il couvre les enquêtes en Allemagne, les réactions des médias et du public, l'implication des banques et des traders, les changements dans les lois fiscales, ainsi que le rôle des politiciens et des réglementations financières. Le chapitre met en lumière les vastes conséquences du scandale et les efforts déployés pour prévenir de futures fraudes similaires.

- Acheter - to buy
- Combler - to fill (a gap)
- Conséquences - consequences
- Découverte - discovery
- Effort - effort
- Enquête - investigation
- Failles - loopholes
- Fraude - fraud
- Illégitime - illegitimate
- Implication - involvement
- Justice - justice
- Réaction - reaction
- Réparation - reparation
- Restituer - to return
- Supervision - oversight
- Trader - trader
- Vérifier - to check

Conséquences à Long Terme et Implications Politiques

Le scandale Cum-Ex n'a pas seulement eu des répercussions à court terme, mais a également laissé des traces durables dans les mondes de la finance et de la politique. Il a entraîné des changements durables et des discussions intenses.

La confiance des gens dans le système bancaire a été profondément ébranlée. La question de la fiabilité des banques et des traders, c'est-à-dire des acteurs qui gèrent l'argent, est devenue centrale. Cette remise en question de l'éthique, c'est-à-dire des notions de bien et de mal, a montré l'inquiétude des gens quant aux pratiques des banques et des acteurs financiers.

En réaction au scandale, les gouvernements du monde entier ont renforcé les réglementations financières. Ces règles plus strictes visaient à prévenir les fraudes futures et à garantir l'équité dans le secteur financier.

Le besoin de transparence dans le secteur financier a été clairement mis en évidence par le scandale. La transparence, c'est-à-dire l'ouverture et la clarté des actions, est essentielle pour prévenir la fraude et la tromperie.

Les décideurs politiques, dont Olaf Scholz, ont été intensément interrogés. Scholz, alors maire de Hambourg, a dû répondre à des questions sur son rôle et ses connaissances concernant le scandale. Il s'agissait de savoir s'il était impliqué ou s'il aurait pu intervenir.

Des débats ont émergé sur le rôle approprié des politiciens dans le secteur financier. Ces discussions portaient sur la question de savoir si les politiciens en faisaient assez pour surveiller et contrôler le secteur financier.

Le scandale a également influencé la politique financière. Les gouvernements ont envisagé de modifier leurs politiques pour empêcher des fraudes comme celle du Cum-Ex.

Une leçon clé tirée du scandale a été l'importance de lois fiscales efficaces. Le scandale Cum-Ex a montré comment la fraude devient possible lorsque les lois fiscales ne sont pas strictes et claires.

La sensibilisation du public aux systèmes financiers a été renforcée par le scandale. Les gens ont pris conscience de la complexité et des risques de ces systèmes.

Le scandale a été intégré dans les campagnes électorales et les débats politiques. Les politiciens ont abordé le sujet du scandale, et les électeurs en ont tenu compte dans leurs choix électoraux.

Des discussions sur la responsabilité des politiciens ont été lancées. Il s'agissait de leur rôle dans la prévention de tels scandales et dans la protection des fonds publics.

Les banques sont devenues plus prudentes dans les transactions financières complexes. Elles ne voulaient pas être impliquées dans des activités illégales ou non éthiques.

Le scandale Cum-Ex reste un sujet important dans l'éthique financière. Cette discipline traite de la gestion correcte de l'argent et des décisions financières. Le scandale rappelle l'importance d'une solide éthique dans le secteur financier.

- Ébranler - to shake
- Équité - fairness
- Fiabilité - reliability
- Fraude - fraud
- Implication - involvement
- Intervenir - to intervene
- Loi - law
- Notion - notion
- Pratique - practice
- Prévenir - to prevent
- Répercussion - repercussion
- Responsabilité - responsibility
- Sensibilisation - awareness
- Strict - strict
- Surveiller - to monitor
- Tromperie - deceit
- Transparence - transparency

Postface :

Le Chemin à Travers le Labyrinthe des Théories du Complot - de l'Absurde au Crédible

Dans le monde fascinant et souvent déroutant des théories du complot, la frontière entre l'absurde et le plausible peut être étonnamment mince. Les théories du complot varient grandement en termes de nature et de crédibilité - des idées farfelues sur les rencontres extraterrestres et la domination mondiale par des sociétés secrètes aux soupçons plus crédibles de dissimulations politiques et de méfaits d'entreprises.

Un aspect particulièrement fascinant des théories du complot est la possibilité que certaines soient intentionnellement diffusées pour semer la confusion et le doute. Cette tactique, souvent qualifiée de "théorie du complot sur les théories du complot", suggère qu'une variété de théories étranges et incroyables est délibérément propagée. Le but ? Embrouiller le public et lui rendre difficile de distinguer ce qui est une théorie du complot infondée et ce qui pourrait être une vérité cachée légitime.

Cette stratégie repose sur un phénomène psychologique connu sous le nom d'« effet de surcharge ». Lorsque les gens sont confrontés à un flot d'informations contradictoires et de théories nombreuses, dont beaucoup sont bizarres ou manifestement fausses, ils peuvent devenir cyniques ou apathiques à l'égard de la véracité de l'une quelconque de ces théories. Ce « bruit » peut masquer efficacement des préoccupations plus crédibles qui méritent une attention sérieuse, de sorte que des conspirations potentiellement véritables restent cachées et sont rejetées avec les théories plus extravagantes.

Prenons par exemple un cas réel de fraude d'entreprise. Si le discours public sur ce sujet est pollué par des théories extravagantes avec des éléments incohérents et imaginatifs, il y a un risque que le véritable méfait soit ignoré ou ne soit pas pris au sérieux. Cette tactique peut être un outil puissant pour ceux qui cherchent à détourner l'attention de leurs activités douteuses.

Ce postface vise à encourager la pensée critique et le discernement dans le traitement des théories du complot. Alors que certaines théories reposent sans aucun doute sur la fantaisie et l'irréalité, d'autres peuvent contenir des éléments de vérité qui méritent une enquête. Il est donc important d'aborder chaque théorie sans préjugé et avec une bonne dose de scepticisme, d'examiner les preuves (ou leur absence) et de considérer les sources de ces allégations.

Dans un monde saturé d'informations et de désinformation, la capacité à distinguer les faits de la fiction est plus cruciale que jamais. En naviguant à travers l'immense mer de théories du complot allant du délirant au plausible, notre meilleur compas est une combinaison de pensée critique, de volonté de questionner et d'engagement à rechercher des vérités vérifiables. Souvenez-vous : ce n'est pas parce qu'une théorie semble bizarre qu'elle est automatiquement fausse, et de même, la plausibilité n'est pas une garantie de vérité. Le défi est de distinguer l'un de l'autre - une tâche qui exige à la fois ouverture d'esprit et œil aiguisé.

- Appréhender - to grasp, to understand
- Apathique - apathetic
- Attention - attention
- Cynique - cynical
- Délirant - delirious
- Déroutant - confusing
- Discernement - discernment
- Doute - doubt
- Embrouiller - to confuse
- Fantaisie - fantasy
- Infondé - unfounded
- Plausable - plausible
- Saturé - saturated
- Scepticisme - skepticism
- Soupçon - suspicion
- Vérifiable - verifiable

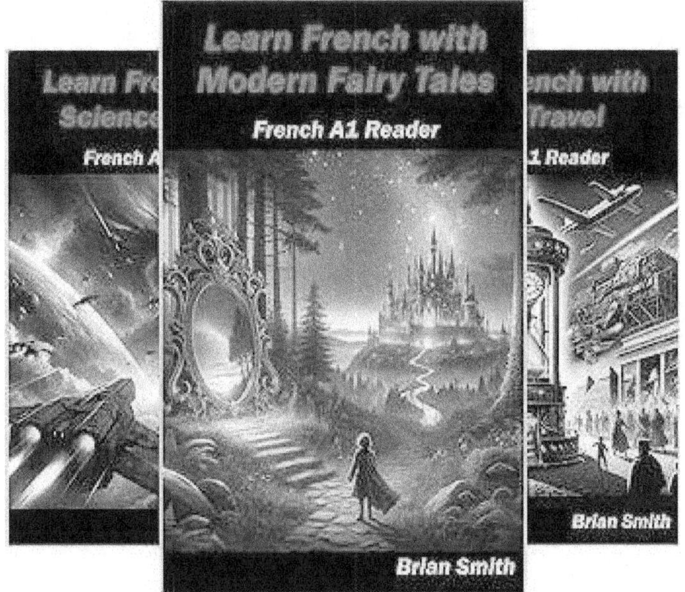

French Graded Readers

For more books and E-book options visit:

www.briansmith.de